Abbé De Binos

Voyage par l'Italie, en Egypte au Mont Liban et en Palestine ou en Terre-Sainte

Volume 1

1787

G 19896

O. 1552.
L. 1.
G.
C.

VOYAGE
PAR L'ITALIE,
EN ÉGYPTE
AU MONT-LIBAN
ET
EN PALESTINE
OU TERRE SAINTE,
AVEC FIGURES.

A

SON ALTESSE ROYALE

MADAME

ELIZABETH DE FRANCE.

Madame,

Si l'on dédie des Livres aux Princes, c'est pour honorer leurs connoissances ;

ou pour accréditer les maximes de la saine Morale.

Il m'est bien naturel, lorsque j'entre dans la carriere des Lettres, d'être pénétré de ce sentiment, & d'offrir la relation d'un voyage, que le zele pour la Religion m'a fait entreprendre, à une Auguste Princesse qui, appréciant les choses avec un discernement délicat, sait les envisager du côté le plus favorable. Mais cet Essai étant fort au-dessous de ce qu'Elle est en droit d'attendre, ne pouvoit être mis au jour, si je n'eusse espéré que MADAME le jugera avec cette indulgente bonté si propre à me rassurer contre la juste critique qu'elle en pourroit faire, & contre les reproches de la censure publique. C'est dans cette confiance que j'ai osé l'offrir à MADAME, excité par l'intérêt que lui inspirera la description d'un Pays qui fut le berceau de la Religion Chrétienne, la Patrie de sainte Elizabeth dont Elle porte le nom, & l'objet d'attachement de ce Monarque viij *EPITRE*, &c.

doux & bienfaisant, dont on admire les vertus dans sa Postérité, & que MADAME sait si bien imiter. Puissent de tels motifs être approuvés d'une Princesse chérie par la France dont Elle fait l'admiration.

Je suis avec un très-profond respect,

DE MADAME,

Le très-humble, très-obéissant serviteur,
DE BINOS, Chanoine.

VOYAGE

VOYAGE
AU
MONT-LIBAN.

LETTRE PREMIERE.
A M. D. S.

Vous me demandez l'histoire de mes Voyages, & pour m'engager à la donner, vous me représentez les droits de notre ancienne amitié, & le plaisir que cette Relation vous fera. Ces motifs sont bien puissans ; mais n'ignorant pas que l'amitié peut s'aveugler, & devenir partiale, je crains d'avoir à me reprocher un jour de

Tome I.   A

m'être rendu trop facile. Combien de fois ne vous ai-je pas dit que mon Journal ne valoit pas la peine d'être lu ? Uniquement occupé du défir de fatisfaire ma curiofité, j'écrivois le foir ce que j'avois vu dans la journée; bien éloigné de penfer que l'on dût me favoir gré d'un travail, ou d'un amufement aufli varié que les objets qui s'offroient à ma vue. Ma plume n'étoit qu'un foible crayon deftiné à me retracer les impreffions paffageres que recevoient mes regards jettés çà & là, & je n'employois à cette occupation que de courts intervalles de loifir & de repos. Auffi vous ne trouverez dans mes Lettres ni la profondeur, ni l'élégance qu'on remarque dans les **Rélations** de quelques Voyageurs : naturalifés dans la ville capitale d'où leurs talens ont pris l'effor, ils ont dû rapporter dans fon fein l'ample moiffon des connoiffances qu'ils avoient recueillies chez l'Etranger, & l'ofrir au Public comme un tribut de zele & de reconnoiffance qu'ils devoient à la patrie. Plufieurs ont acquitté leur dette avec fuccès, ils fe font fur-tout appliqués à rechercher la fondation des Villes antiques, à expliquer les hiéroglyphes que les temps ont presque effacés, à commenter les Loix, & à dévoiler leur origine; enfin, à caractériser les siecles & les Nations. Mais est-il aisé de définir l'homme, & de connoître la nature, qui, toute uniforme qu'elle est dans sa marche, est si mysterieuse, & si variée dans ses ouvrages? Pour moi, qui n'avois pas une pareille tâche à remplir, je ne puis que vous donner des notions superficielles : néanmoins j'ai observé dans les parties de l'Asie, de l'Afrique & de l'Europe, que j'ai parcourues, que les hommes, les loix & les mœurs avoient un fond commun de ressemblance, & que leur différence étoit l'effet combiné de l'éducation, de la politique & de l'influence des climats. Je me bornerai dans mes Lettres à vous entretenir des lieux que j'ai vus & des particularités qu'ils m'ont offertes : les terres, les villes, les monumens, la Religion, les mœurs & les usages de quelques peuples, seront les matériaux de cette Histoire, dans laquelle je n'ai suivi d'autre plan que celui que je voyois tracé dans ma marche & dans la succession des objets. J'y mêlerai le récit des événemens particuliers ou politiques dont j'ai été témoin, persuadé qu'en vous amusant quelques momens, ils vous feront mieux connoître le génie des Peuples, que ne feroient de vaines conjectures dans lesquelles on en laisse souvent échapper les nuances les plus précieuses. Si mon Ouvrage ne vous fait point l'impression que vous en attendez, j'aurai du moins la satisfaction de vous prouver que j'ai cherché à vous plaire aux dépens de mon amour-propre.

Je suis, &c.

LETTRE II.

M.

L'ITALIE ayant été le théâtre des grands événemens, me parut devoir être le premier objet de mes regards; je crus qu'avant d'entrer dans ce beau pays, il m'étoit nécessaire d'en savoir la langue. J'employai quatre mois à l'étudier. Mes progrès devenus sensibles par les principes dont ma mémoire s'étoit nourrie, j'espérai que l'usage feroit le reste; mais j'avois une autre science bien plus difficile à acquérir, celle de rompre les liens qui me tenoient attachés à un pays jaloux de conserver ses citoyens, & qui accusoit d'indifférence & d'ingratitude quiconque prenoit le parti de s'en éloigner. N'ayant *de ressource* que dans la comparaison des exemples, je souffrois des impulsions secretes qui vouloient m'en arracher; les différens affauts qu'elles livroient à mon cœur me jettoient dans une mélancolie qui ne fe diffipa qu'au moment où je pus réalifer mon projet. Les rifques des voyages, le défagrément de vivre parmi des inconnus, la fcrupuleufe défiance qu'il faut traîner avec foi, & une foule d'autres inconvéniens, fe préfentoient à mon efprit; mais heureufement mon invincible curiofité triomphoit de fes fâcheufes idées, en fe repaiffant d'avance des rians tableaux que les Poëtes & les Peintres nous ont donnés des belles contrées de l'Italie, de l'Egypte & de la Paleftine : ainfi toutes les contrariétés s'évanouiffant, pour ainfi dire, à mes yeux, les arrangemens du départ fuivirent de près.

Je quittai ma patrie (1) le 26 Octobre 1776; je dirigeai ma route vers Marfeille, que j'avois choifi pour le point de mon départ de la France.

───────────

(1) Saint-Bertrand, ville capitale de Cominges.

Je ne parlerai point ici de la beauté du Languedoc; de cet agréable point de vue appellé *la Vista*, qu'on trouve à une petite distance de Marseille, de l'étendue de cette ville, de la belle rue du Cours qui la divise en deux, de sa population, de son origine, qu'on fait remonter à une colonie de Phéniciens, de la sûreté de son port inaccessible aux Vaisseaux de guerre, & qui est défendu par deux grandes forteresses. Ces détails sont trop connus pour que je me croie obligé d'y insister; d'ailleurs, prêt à m'embarquer sur un Vaisseau qui doit partir incessamment pour les côtes d'Italie, je passe rapidement sur les préliminaires du départ.

Le Capitaine Thomas m'ayant fait avertir qu'il leveroit l'ancre le 3 Novembre à quatre heures du matin, je me rendis à son bord : on ne tarda pas à mettre à la voile ; un vent favorable poussoit notre vaisseau sur les ondes, qui cédoient sans résistance; la beauté du ciel, la transparence des eaux, l'ardeur des matelots dans la manœuvre, la joie du Capitaine, tout sembloit nous promettre la plus heureuse navigation. Les côtes de Marseille disparoissoient à nos yeux; les oiseaux qui annoncent ordinairement le voisinage des terres, ne voloient plus autour de nous, & au-dessus des flots; mais les jouissances les plus flatteuses sont toujous troublées par des contrariétés. A midi un épais nuage vint couvrir nos mats; les noirs vapeurs dont il étoit chargé répandoient l'odeur la plus infecte, le vent s'opposa au mouvement de la proue, & annonça une violente tempête. A ce présage sinistre succédérent d'autres vents impétueux qui siffloient d'une maniere horrible; on changea aussi-tôt la disposition des voiles, & par cette manœuvre on se prépara à une forte résistance : on luta pendant quatre jours contre *tout* ce qui s'opposoit à notre marche : elle se trouva contrariée de plus en plus par l'agitation de l'élément courroucé; le Capitaine désespéré fut forcé de suivre les courans, & de rentrer dans le Port de Marseille. Je ne puis vous exprimer la peine que me causa ce contre-temps ; il sembloit que la mer ne vouloit plus de nous. Je ne fus pas plutôt débarqué, que je me rendis à une auberge assez voisine du Port, où je trouvai deux Capitaines, Marchands Vénitiens. La connoissance que je liai avec eux pendant le souper, m'attira de leur part l'offre obligeante de me recevoir dans leur bâtiment : ils alloient tous deux vers les côtes du Golfe Adriatique, l'un à Ancône, l'autre à Venise ; je leur demandai la soirée pour me déterminer ; le lendemain je donnai la préférence à celui qui alloit à Ancône, & je me rendis le soir même à son bord ; le vaisseau fit voile à minuit. La navigation étoit si douce, qu'il nous sembloit être dans un berceau agité par des zéphirs. Le jour étant venu éclairer notre curiosité, j'admirai la force du lion de la proue fendant les eaux, sans quitter sa direction ; la sérénité étoit peinte sur le visage des matelots ; le Pilote ne paroissoit plus s'occuper du mouvement du vaisseau. Des histoires amusantes égayerent notre conversation jusqu'au moment où l'on alluma

les fanaux ; ce signal difperfa la fo-
ciété, chacun courut vers fon gîte
s'abandonner nonchalamment au fom-
meil ; le mouvement de la mer fe
faifoit à peine fentir, il n'y avoit que
la garde, les Pilotes & moi, qui
fuffions privés du repos ; le mal de
mer venoit fouvent m'avertir que
nous n'étions plus à terre, & je le
fupportai dans l'efpoir que ce ne feroit
qu'un tribut paffager.

Je fuis, &c.

LETTRE III.

M.

CINQ jours d'une heureuse navigation nous ont conduit entre Minorque & l'île de Sardaigne. Nous avons passé le banc de Cassia, qui a environ trente milles de circonférence.

Nous avons vu sortir des flots un poisson que les Italiens appellent *Léena*; les marins assurent qu'il est l'ennemi de l'homme; il a la longueur & les oreilles du loup de nos montagnes: son dos est armé d'une arête aussi tranchante qu'un rasoir; il est cruel & vorace: les lames d'eau que le vent du nord-ouest jettoit sur lui, le pousserent loin de nous; celles qui tomboient sur notre pont étoient reçues gaîment par les matelots qui secouoient leur cape en riant.

Nous étions le 13 Novembre à quarante lieues de *Tunis*, & à dix des côtes de la Sardaigne.

Le 14, à deux heures après-midi, des promontoires connus sous les noms du *Taureau* & de la *Vache*, présenterent leur pointe au milieu de la mer qui baigne les côtes de la Sardaigne, & bientôt nous approchâmes de cette île. Plusieurs grandes tours placées de distance en distance pour la défendre des incursions des Barbaresques, frappoient notre vue : tantôt c'étoient des plaines, où de gros bœufs paissoient tranquillement, tantôt des collines où des brebis cherchoient des pâturages ; tantôt des montagnes couronnées de sapins & sillonnées par des torrens. Cagliari, capitale de cette île, nous offrit son port. Il nous étoit aisé d'y aborder, mais nous avons cru devoir profiter du vent favorable qui nous éloigne de ses côtes riantes. Vous savez que cette île est très-fertile, & qu'elle abonde en toutes sortes de fruits. Nous avons doublé le cap *Tavolaro*, & le nord-ouest nous a porté vers les côtes de Sicile.

Le 16, un bâtiment à trois mats

étoit vis-à-vis de nous, à une distance d'environ un demi-mille, il paroissoit diriger sa course vers *Tunis*: on lui a fait les saluts qui sont d'usage à la mer; on a arboré le pavillon, qu'on a laissé suspendu un quart-d'heure, sans qu'il ait arboré le sien; le même vent faisoit voguer les deux bâtimens en ligne parallele. Le 17, nous voyant plus rapprochés de ce bâtiment, je me plaisois dans cette perspective qui m'offroit la mer moins déserte; mais nos matelots se doutant des mauvais desseins de ce bâtiment, & réfléchissant au refus du salut qu'il nous avoit fait la veille, ils l'observerent toute la nuit, le regardant comme un ennemi, & se mirent en bon état de défense. Quatre petits canons & douze gros fusils chargés de mitrailles furent destinés à nous faire raison d'un voisin incommode, qui s'obstinoit à voyager avec nous: je reposois tranquillement dans ma chambre: mon domestique vint me dire secrétement que les préparatifs étoient fondés sur la crainte d'une attaque de la part de ce vaisseau incivil : nous avons passé la journée à l'observer ; les gens de son équipage paroissoient plus nombreux que ceux du nôtre : il se tenoit toujours à la même distance ; mais dans le moment où le soleil s'est caché dans les ondes, nous l'avons vu s'approcher à force de voiles, la proue tournée vers le flanc de notre bâtiment. Notre Capitaine qui tenoit depuis quelque temps le gouvernail, a viré de bord d'une maniere si adroite, que le vaisseau ennemi qui vouloit nous prendre en flanc, n'a trouvé dans son choc que le reflux des eaux, qui a rempli le vuide que nous avions laissé. Forcé par le vent de suivre sa direction, nous nous sommes trouvés derriere lui poupe à poupe; mais la nuit a bientôt couvert nos marches opposées, & notre bâtiment s'est trouvé près des côtes de Sicile. Nous n'avons pu distinguer si c'étoit un pirate de ces mers, ou un Caravanneur Européen ; mais il est peut-être aussi dangereux de tomber entre les mains de ces derniers, que la misere opprime, que d'être au pouvoir des premiers qui ne vivent que de rançons & de brigandages.

Le 18, l'île *Pintelaria*, qui appartient au roi de Naples, s'offrit à notre vue comme un asyle contre les dangers que nous avions courus. Ses bords montagneux ont environ quatre lieues de longueur, & plus d'une lieue de large ; les hommes y sont grands, robustes ; on dit qu'ils sont bons soldats. Nous étions entre Malthe & la Sicile, dont la distance réciproque est d'environ vingt lieues. La partie de la Sicile qui regarde la mer, présente le coup-d'œil le plus agréable ; on voit des terres cultivées jusqu'au bas de la plage, des bosquets, des vignes, des bourgs & de jolis châteaux. *Messine*, près de *Silla* & de *Caribde*, est une de ses principales villes. *Palerme* passe pour être plus belle ; mais ce que nous désirions le plus, étoit de voir l'ancienne Syracuse située dans ces parages. On dit que cette ville, si fameuse du temps d'Archimede, conserve encore certains restes d'antiquité qui lui font honneur. Elle doit ses malheurs aux suites de la guerre qu'elle eut avec les Romains, qui, après avoir secouru Messine contre les Carthaginois, tournerent leurs armes contre Syracuse.

La félouque coursiere de Malthe, qui va porter des dépêches en Sicile, vient de passer près de nous avec une légéreté extraordinaire. N'ayant rien à envoyer dans ces endroits éloignés de vous, je n'ai de ressource que dans mon souvenir, & dans le désir de vous en faire part dès qu'il me sera possible.

Je suis, &c.

LETTRE IV.

A bord, le 20 Novembre 1776.

M.

Nous avons essuyé la nuit dernière un orage mêlé de pluie & de grêle : le vent étoit si violent, qu'on a été obligé de baisser les voiles ; les vagues montoient sur le pont ; heureusement la pluie en a tempéré l'agitation, nous faisions deux lieues par heure ; nous avons doublé *Syracuse*, & dans peu nous laisserons en arrière Messine & le mont *Ætna* placé dans la Sicile. De la cime de cette grande montagne sort une fumée épaisse qui paroît atteindre jusqu'au firmament ; le cratere est au milieu de sa croupe, toujours couverte de neige. Cette montagne est très-vaste & très-élevée : les glaces qui la couvrent servent de rafraîchissement aux habitans, qui seroient excédés des chaleurs du climat qui l'environne.

Notre bâtiment est comme un roseau agité par le vent dont il suit tous les caprices, en nous faisant éprouver d'horribles secousses; je ne suis pas plutôt en un coin de la chambre, que je me trouve au coin opposé, tantôt c'est une malle qui se détache; une table qui roule avec fracas, ou d'autres meubles qui balottés d'une extrêmité de chambre à l'autre vont se briser en se heurtant. Tantôt ce sont des craquemens qui font craindre que le vaisseau ne se désunisse; des coups de mer qui en frappent les flancs avec tant de force, qu'on diroit qu'ils le percent d'outre en outre; à ce bruit semblable aux coups répétés du canon, succédent les gémissemens du gouvernail, qui semble se plaindre de la résistance qu'oppose à son action la violence des flots. Nous tâchons de longer les côtes de la Calabre pour y trouver un abri contre l'impétuosité des vents, mais les Marins assurent qu'il n'y a aucun bon Port dans ces parages, & qu'il est prudent de s'en tenir éloigné ; cependant la fertilité des côtes de cette Province semble nous inviter à en approcher. Un oiseau de haut vol est venu ce matin se reposer sur le pont, il avoit cinq pieds d'envergeure, son plumage étoit nuancé de verd, de blanc & de brun, mais la couleur brune étoit la dominante ; le jabot étoit entierement grisâtre, son col étoit orné d'une cravate blanche, large de trois pouces, & avoit un pied & demi de long ; le bec étoit bleu & pointu à son extrémité, ses jambes jaunâtres, & longues comme celles du bernard-pêcheur ; son corps grand comme une jeune autruche, & une touffe bleuâtre, qui flotoit sur sa tête, me parurent mériter quelque considération ; mais on le prit pour un avant-coureur du mauvais temps. On le tua ; des Matelots avides de chair mangerent sa viande, noire, maigre & huileuse. Le cap de la côte Desquilaccio que nous avions en face, est pour nous d'un plus sinistre augure : il nous annonce le golfe de Tarente, si funeste à tant de Navigateurs : c'est-là que la mer montre ses plus grands caprices, on ne sait pourquoi ; il faut cependant le traverser, car il nous tarde d'être au talon de l'Italie pour entrer dans la mer Adriatique. Ce golfe nous a envoyé à sept heures du soir l'orage le plus affreux. Le vaisseau poussé par le vent d'Ouest, faisoit sans voiles deux lieues par heure. La mer s'est calmée à minuit ; mais si le vent a une reprise aussi forte que la premiere, on tâchera de diriger les voiles vers *Corfou*, Port célebre appartenant à la République de Venise. Les flots se sont déclarés ennemis de nos projets : je m'apperçois que nous dérivons ; la pluie, la neige, une mer grosse rendent les manœuvres difficiles. Je tiens avec peine sur mes genoux l'encre & le papier, je ne puis plus écrire, tout m'échappe : adieu . . .

Je suis, &c.

LETTRE V.

Du Val d'Alexandrie, Port de la petite Céphalonie, en Nov. 1776.

M.

Vous devez être bien surpris de m'entendre si souvent parler de mer agitée, de vagues écumantes, de flots impétueux, des mugissemens de cet élément irrité. Il est fâcheux pour moi de ne pouvoir vous donner des détails plus intéressans. Enfermé dans une cage de soixante pieds de long, que la mer transporte à son gré, je ne puis vous parler des beaux monumens qu'un voyageur de terre seroit à portée de voir : environné de montagnes d'eau prêtes à m'engloutir, je n'ai que des sujets tristes à raconter. A l'entrée du golfe de Venise, des sifflemens plus perçans que les cris plaintifs du crocodille, paroiſſoient être les avant-coureurs d'une nouvelle tempête. Ce golfe violemment agité nous repouſſoit avec tant de force, que nous étions entraînés par les courans, & obligés de voguer ſans voiles, les vergues baiſſées ; nous fumes ainſi à la merci des flots pendant plus de douze heures. Notre bâtiment faiſoit eau de toutes parts, les matelots pouſſoient des cris qui venoient moins de la crainte du danger, que de la défaillance de leurs bras excédés de laſſitude : des montagnes d'eau ſe briſoient ſur les mâts, de la proue à la poupe, & frappoient de flanc en flanc les harpes & les hunes ; un vent impétueux nous pouſſoit avec violence, nous tremblions de heurter contre des rochers ; quatre hommes avoient peine à maîtriſer le gouvernail. Telle étoit notre ſituation ; mais ce qui m'alarmoit le plus, ce fut le déſeſpoir du Capitaine. Il entra dans ma chambre en verſant un torrent de larmes, & s'écriant : « Nous » ſommes perdus ». Une chute précipitée interrompit ſon diſcours ; auſſi-tôt il prit un livre pour réciter quelques prieres, & dans ces triſtes momens je n'avois que le courage de l'exhorter à ne pas perdre le ſien. Qu'allons-nous devenir, lui diſois-je, ſi vos gens s'apperçoivent de votre déſeſpoir ? Reprenez votre ſérénité, elle ſoutiendra leur confiance, & les encouragera aux pénibles manœuvres. Mes matelots, me répondit-il, ne ceſſent de pomper l'eau ; elle entre actuellement avec plus d'abondance ; ils ſont aux abois ; quatre ſeulement réſiſtent ; les autres ſont comme des noyés, ſans force & ſans mouvement. J'ai tenu le gouvernail pendant huit heures ; il y a près de trois jours que je ſuis dans une action continuelle. Depuis vingt-cinq ans que je cours cette mer, je ne la vis jamais plus implacable. Enfin cet Officier ſe trouvant un peu ſoulagé par les plaintes ameres qu'il venoit de me faire, il remonta ſur le gaillard, & m'invita à l'y ſuivre ; deux matelots m'aiderent à m'y tenir ; mais ne pouvant ſoutenir l'aſpect de cet élément, je rentrai dans ma chambre : peu de temps après, un mousse vint me dire qu'on appercevoit la pointe d'une montagne, mais qu'on ne pouvoit encore reconnoître le pays où elle étoit située ; nous l'observions comme une lumiere fixe qui faisoit renaître nos espérances. A midi nous en découvrîmes la moitié, & on fut convaincu que c'étoit une montagne de *Céphalonie*, dont nous n'étions éloignés que de vingt lieues. Au même instant on appella à la manœuvre, on leva les vergues, on tendit les voiles, & on dirigea la proue vers les ports de cette île ; le vaisseau alloit avec la plus grande rapidité. Nous arrivâmes le soir au val d'Alexandrie, port de la petite Céphalonie. Le plaisir qui succéde à la douleur est toujours plus sensible ; chacun s'empressoit de raconter les alarmes qu'il avoit éprouvées, l'*histoire de tous* étoit l'expression de la joie ; ces épanchemens mutuels nous faisoient oublier que depuis deux jours nous n'avions point pris de nourriture. Le repas fut servi, & bientôt après nous nous livrâmes aux douceurs du repos ; mais tout-à-coup de bruyans éclats

éclats de tonnerre nous ont rappellé à de nouvelles épreuves; au point du jour, une pluie mêlée de grêle, & suivie d'un vent impétueux sembloit vouloir enlever le vaisseau attaché à l'ancre. Heureusement la bonté des cables nous a rassurés; toute notre crainte étoit qu'ils ne se croisassent; en tout cas, nous voilà dans le port; & si nous venons à échouer, nous aurons du moins la facilité de nous sauver. J'espere aller à terre demain, si le temps le permet, & vous entretenir d'objets moins terribles.

Je suis, &c.

LETTRE VI.

Au Val d'Alexandrie, port de Céphalonie, en Novembre 1776.

M.

CE port formé par la nature a environ deux lieues de circonférence; il est entouré de montagnes: on ne voit dans son étendue que cinq ou six petites maisons qui servent de retraite aux pêcheurs : celle du Bureau de santé, qui est la plus belle, n'offre rien de remarquable dans sa structure. L'intérieur consiste en une salle ornée de plantes & de fruits du climat, & non de tapisseries artistement travaillées. Un lit & deux petits coffres en composent tout l'ameublement : l'officier municipal vit dans cette demeure content de l'utile simplicité qui y regne. Je l'ai prié de me faire conduire sur le haut d'une montagne où est située une maison de Moines

Grecs. Le plaisir que j'avois de marcher sur terre m'a fait facilement gravir la montagne, qui de loin paroît une forêt d'arbres de haute-futaie. Elle est toute couverte d'oliviers, de lauriers & d'arbustes dont la feuille ressemble à celle du laurier-rose : ces derniers produisent des fruits qu'on appelle fraises, qui ont deux fois la grosseur de celles de nos jardins ; elles sont douces & un peu fades ; les Insulaires en font peu de cas. Les sentiers de la montagne que j'ai suivis en étoient couverts, ainsi que les arbres : je suis parvenu, à l'aide de ces fruits rafraîchissans, au lieu le plus élevé, où est le monastere appellé Saint-Sanadin. Le Supérieur que j'ai trouvé à la porte m'a accueilli avec autant de bonté que de surprise, & m'a conduit dans sa petite chapelle. Le sanctuaire est fermé de haut en bas par une cloison de bois, sur laquelle sont plusieurs tableaux peints à la Grecque, représentant les Patrons & les mysteres de la Religion ; il m'a introduit ensuite dans sa chambre. Un mauvais lit, quelques images, une petite table, une

lampe allumée en rempliſſoient l'eſ-
pace, & en faiſoient tout l'ornement;
les autres cellules étoient dans le même
goût; elles ſont au nombre de vingt.
Cette maiſon n'a pour tout revenu
que le produit de la charité des Fi-
déles. Le Supérieur eſt le ſeul qui ſoit
Prêtre; les autres Religieux ne ſont
que des freres convers. Leur habit
eſt une longue robe bleue ou violette.
Ils portent un bonnet de laine noire,
ſemblable à la forme d'un chapeau.
Ce Prêtre ne porte pas de tonſure,
& garde ſes cheveux longs: leur Religion eſt la ſchiſmatique Grecque.
Ils jeûnent trois jours avant les fêtes
des Apôtres & celles de la Vierge:
ils font l'Avent & le Carême avec
une rigidité exemplaire; toute leur
nourriture, pendant ce temps d'abſ-
tinence, eſt de pain, d'huile & d'un
peu de vin; cette frugalité n'affoiblit
point les forces de leur corps; ils ſont
robuſtes, bien faits, & capables de
réſiſter aux plus rudes travaux. Il y
a dans l'étendue de l'île un couvent de
Bénédictins, & une cathédrale où les
rits de l'Egliſe Latine ſont obſervés.

CEPHALONIENNE.

Tout le pays est sous la domination de la République de Vénise depuis le quinzieme siecle. A cette époque un Evêque Grec à qui cette île appartenoit, en fut dépouillé par les Vénitiens. Cette République y entretient un Gouverneur ou Provéditeur, & des troupes dont le nombre, quoique peu considérable, est suffisant pour réprimer les fréquentes révoltes des Insulaires. Les Céphaloniens ont l'air sauvage; ils sont presque tous armés d'un fusil, & ils portent un pistolet & un couteau à la ceinture; une cape grossiere de laine blanche ou brune compose leur habillement; leurs larges culottes vont depuis l'estomac jusqu'aux pieds, & sont de toile de lin; ils portent la barbe ou la moustache. Les femmes marchent tête nue, les cheveux flottans sur leurs épaules ou tressés en rond sur leurs têtes; elles ont un air guerrier, & portent des coutelas à leur ceinture; leurs mains exercées dès l'enfance au travail ne dédaignent pas les plus rudes fonctions; on les voit ramer seules dans des barques comme les hommes.

La vue de tant de perſonnes armées que je prenois pour les gardiens du pays, & qui paroiſſoient en défendre les approches, m'inſpiroit au premier abord quelques mouvemens de frayeur; toutefois aucun d'eux n'a ni commiſſion ni emploi: ces armes que portent les deux ſexes ſont des ſignes des fréquentes querelles que la diſcorde éleve parmi eux. On voit que les intérêts trop voiſins ſe croiſent facilement, & font naître des diſſentions. La cupidité, cette paſſion ſi générale, ne differe chez les peuples que du plus au moins, ſelon les nuances que l'éducation leur donne; dès-lors, par un préjugé défavorable à l'humanité, on prend pour amis naturels ceux que l'éloignement ne fait point redouter, & on ſe défie de ceux qui étant voiſins ſeroient à portée de donner des ſecours. Dans ce moment j'entends le tonnerre gronder ſur nos têtes, je me hâte de regagner le bord pour me mettre à l'abri de la pluie dont on eſt menacé.

CEPHALONIEN.

LETTRE VII.

Au Val d'Alexandrie, en Novembre 1776.

M.

CETTE île bornée à un petit espace offre peu de choses à l'histoire : comme elle est d'ailleurs le refuge de mauvais sujets, je ne pourrois m'étendre que sur des faits qui méritent peu d'être rapportés. La République de Venise qui la gouverne, fait bien son possible pour empêcher les abus que font ces Insulaires de leur liberté, mais elle est forcée malgré elle de les tolérer. La sévérité des loix & l'autorité de la force ne peuvent rien sur ces hommes indomptables, qu'on voit s'entre-tuer à la moindre dispute. Ce pays fertile méritoit des citoyens plus doux, & n'étoit pas fait pour être livré à des mains meurtrieres. Les huiles, les vins, les raisins de Corinthe y sont en abondance : des particuliers croyant que notre vaisseau étoit dans le port pour s'en approvisionner nous ont proposé d'en acheter à l'insu du directeur du bureau de la douane. Offensés de notre refus, ils ont été sur-le-champ dire au Gouverneur que les gens de notre équipage cherchoient depuis quelques jours à faire la contrebande : celui-ci a envoyé à notre bord un Officier accompagné de ses soldats, pour savoir de nous ce qui nous attiroit dans ces parages. Ce militaire, muni de la patente de notre bâtiment, nous a quitté pour la porter au Gouverneur : nos inquiétudes sur les suites de cet événement augmentoient par le danger que nous courions d'être pillés par des pirates qui nous auroient trouvé sans passe-port. Nous avons passé la nuit dans la perplexité, mais le jour a été pour nous l'agréable messager du retour de la justice. La patente nous a été rendue. Nous jouissons tranquillement de l'asyle qui nous garantit des naufrages, & nous devons nous féliciter de n'être pas exposés aux gros temps qui regnent sur la mer.

Un poisson de douze pieds de long, fatigué du gros temps, est venu aussi se réfugier dans le port : son dos & sa tête étoient de la grosseur d'un éléphant ; sa peau nous a paru écaillée ; il rendoit écumantes les eaux qu'il divisoit. Il se montroit le matin, & alors il dévoroit ce qu'il trouvoit dans sa course ; quelquefois sa tête s'élevoit au-dessus des eaux, & il ouvroit une énorme gueule garnie de grosses dents aiguës ; nos matelots en ont été étonnés, & les pêcheurs qui ramoient sur des barques légeres, pleins d'effroi se sont retirés promptement sur le rivage. On a donné plusieurs noms à ce poisson, sans s'arrêter à aucun. Nous avions vu des poissons plus petits se jouer sur les eaux des Golfes de Tarente & de Messine, lorsque nous étions en calme ou qu'un vent frais agitoit les ondes. Leurs ébats étoient le présage d'une tempête ; mais que ne devons-nous pas craindre lorsque les plus gros cherchent des lieux pour se mettre à l'abri ? Cependant les vagues que la mer nous en-

B v.

voie, agitent violemment notre vaisseau ; on a jetté une troisième ancre pour l'empêcher de dériver. Nos matelots s'exercent à jetter des cordes pour attraper certains petits poissons qui ont de longues arêtes sur le dos, & qui sont faits comme une gaîne d'écritoire, que les Italiens appellent *Calamari*. Leur couleur est brune, & leur chair cartilagineuse. Ici chacun a son occupation : les uns empêchent que le mouvement des eaux ne fasse croiser les cables ; les autres vont sur le rivage chercher des approvisionnemens : pour moi je préfere à tout le plaisir de m'entretenir avec vous. Nous ne sommes qu'à six lieues de l'ancienne Itaque & à sept de la presqu'île de Morée, possédée autrefois par les Vénitiens, & maintenant par les Turcs. Elle est très-fertile en toutes sortes de fruits & de denrées. Les Grecs qui l'habitent ayant récemment favorisé les Russes, ont subi la peine de leur infidélité ; ils ont été massacrés en grande partie ; les enfans au berceau n'ont pas même été épargnés. Les exemples de sévérité produisent de bons effets, lorsque la peine ne surpasse pas le délit ; mais une rigueur excessive peut avoir des inconvéniens. La liberté & l'indépendance, dont les Grecs furent de tout temps jaloux, sont les causes de la légéreté qu'on remarque dans leur caractere. Dispersés comme les Juifs dans les différentes parties du monde, vivant sous les loix des Souverains, n'ayant d'autre ressource que celle d'un commerce subordonné aux variations du gouvernement, ils ont souvent recours, pour maintenir leurs priviléges, à des moyens bas & serviles, & ne mettent de différence dans le choix qu'à raison de l'avantage qu'ils peuvent en retirer. Un examen plus approfondi des mœurs de ces peuples nous meneroit à conclure que la perte de leur liberté a entraîné celle de leurs anciennes vertus.

Je suis, &c.

LETTRE VIII.

Vis-à-vis d'Antivari, en Décembre 1776.

M.

Vous seriez étonné des efforts pénibles de nos matelots ; ils ont été plus d'une heure occupés à tourner en ligne circulaire autour du cabestan, ayant chacun une grosse piece de bois qu'ils poussoient de toutes leurs forces pour amener les cables qui tiennent aux ancres. Durant cet exercice ils chantoient des airs d'un ton grave ; c'est ainsi qu'ils dissipoient l'ennui du travail, & qu'ils célébroient le départ prochain du bâtiment. Parvenus à détacher l'ancre, leur chant est devenu plus vif, plus pressé ; il se ressentoit de la joie commune. Ce même sentiment a acquis un nouveau degré d'activité lorsque la voile a été tendue, & que les belles apparences du temps nous ont engagés à fortir du port ; enfin leurs cris fe font faits entendre lorfque nous fommes partis. Nous avons laiffé derriere nous l'île de Sainte-More ; nous avancions vers *Corfou*, l'un des boulevards de la République de Venife, lorfque le vent d'oueft a porté des vagues jufques fur nos mâts. L'on eft toujours expofé à ces fâcheux contre-temps aux approches des détroits : c'eft-là que l'élément indocile fe livre à tous fes caprices, comme pour fe venger de la gêne qu'éprouvent fes flots refferrés. Les îles de *Paxos* & d'*Anti-Paxos*, appartenantes à la République de Venife, fe font offertes à notre vue. La premiere, qui eft la plus grande, lui paye un tribut de deux cent mille ducats. On y voit des plaines bien cultivées, & dans l'autre une grande forêt d'oliviers. *Corfou* n'étoit pas loin de la proue ; mais les montagnes qui l'entourent nous ont privé de la vue de l'intérieur. Cette île eft depuis trois fiecles fous la domination Vénitienne ; il y a une citadelle munie de cinq fortifications ; chaque Provéditeur y ajoute quelque chose. Plusieurs familles nobles Vénitiennes, qu'on appelle *Barnabnutes*, y ont fixé leur domicile.

Nous avons passé le 4 Décembre devant l'île de Fano, que les Historiens Vénitiens prennent pour l'île de Calypso. Il s'en faut bien qu'elle présente aujourd'hui le séjour d'une divinité, & le vaillant fils d'Ulysse la reconnoîtroit à peine. Le terrain dévoré par les flots n'offre ni lieux enchantés, ni vestiges d'habitation agréable. Il est entiérement désert, & ce qui en reste forme une colline qui domine la mer, & que celle-ci dominera bientôt à son tour.

Nous étions le 6 entre la haute & basse Albanie. La premiere se distingue par des hautes forêts, & la seconde par des plaines & des côteaux fertiles. Cette province qui étoit à la République de Venise, releve aujourd'hui du Grand-Seigneur. La République ne possede plus que la longueur de ces côtes. Les montagnes les moins élevées de cette province sont couvertes d'oliviers ; les plus hautes le font de neige. Les côtes de la Dalmatie s'offroient à nos yeux ; nous nous flattions que lorfque nous les aurions jointes, la navigation feroit plus agréable, par la facilité d'y trouver différens ports ; il femble que la nature les ait ainfi multipliés pour la sûreté de la navigation.

L'étendue du golfe Adriatique, le long duquel ils font placés, eft d'environ cent trente lieues de longueur, & de vingt-fept dans fa plus grande largeur ; mais les petits golfes & les courans qui y regnent, en rendent l'accès difficile. Les tempêtes y font plus dangereufes que par-tout ailleurs, furtout lorfque le vent que les Italiens appellent *labora*, fouffle avec fon impétuofité ordinaire. Le vaiffeau fe trouve alors invinciblement pouffé vers les côtes d'Italie, où il n'y a que le port d'Ancone ; & fi l'on n'a le bonheur de le rencontrer, on eft forcé d'aller échouer vers la plage ou fur les rochers ; c'eft pourquoi on ne fe tient pas loin des côtes de la Dalmatie & des ports qui en font voifins. Il eft très-rare de naviguer cinq jours de fuite fans être obligé de courir au port. Par-tout où nos regards fe portoient, nous voyions les côtes : le ciel dépouillé de nuages nous procuroit cette jouiffance ; & le foleil qui commença à darder fes rayons fur l'hémifphere, tempéroit la rigueur du froid. Nous apperçumes la ville de *Durazzo*, & près d'elle une grande tour que l'on prend pour la borne qui fépare l'Albanie Grecque de la Vénitienne. L'Albanie Grecque eft fous la domination Ottomane ; elle paffe pour la plus abondante des côtes de la Méditerranée. Elle produit de la cire, des laines, des grains, des cuirs ; elle a environ vingt-neuf lieues de côtes jufqu'à Antivari qui la fépare de l'Albanie Vénitienne ; fes montagnes font très-élevées.

Quoique la Religion dominante foit la Mahométante, on y compte vingt clochers ou cures, deffervies par des Prêtres Catholiques. Les quartiers affectés pour la fubfiftance des Prêtres, prennent le nom d'évêchés. Ces miniftres de l'autel vont armés à l'églife ; ils portent le fufil & des piftolets à leur ceinture jusqu'au sanctuaire : cette précaution malheureusement nécessaire en impose aux Musulmans, qu'un esprit de fanatisme porteroit à interrompre l'exercice de leurs fonctions. On rapporte qu'un Empereur d'Orient, de la maison de Courtenay, traversant cette province avec ses troupes, y fut arrêté & conduit avec ses gens dans une île déserte, où ils périrent tous de faim & de misère ; événement qui dut sa cause à la jalousie des chefs du pays, effrayés de ce nombreux cortége, plutôt qu'à la licence des troupes qui le composoient ; ainsi le faste entraîne à sa suite des inconvéniens dont la simplicité sait se garantir.

Je suis, &c.

LETTRE IX.

A bord, en Décembre 1776.

M.

LES côtes de l'Albanie Vénitienne font moins étendues & moins belles que celles de l'Albanie Ottomane; elles préfentent un front couvert de neige, tandis que les autres nous offroient une riante verdure. La ville d'Antivari qui en eft affez près, eft petite, & n'offre rien de curieux; nous avons rangé les côtes de la République de Ragufe. A mefure que nous approchions de la capitale, le pays fembloit s'ouvrir pour nous laiffer entrevoir de belles plaines, dont la culture eft portée au plus haut degré de perfection. Les vignes qui tapiffent les côteaux, & les arbres fruitiers qui couronnent les hauteurs, forment la perfpective la plus agréable.

Un énorme poisson s'est montré à vingt pas du vaisseau, comme pour détourner nos regards fixés sur la plage, & pour mettre de la variété dans nos plaisirs. Il faisoit jaillir des torrens d'eau à six pieds de hauteur; il nageoit sur le dos; ses pieds & sa tête paroissoient sur la surface des ondes. Sa largeur nous parut être de dix pieds, & sa longueur de quarante. Sa tête étoit d'une grosseur prodigieuse. Sa chair, qui n'est pas bonne à manger, sert à faire de l'huile; la tête en fournit plus abondamment que les autres parties du corps. Sa peau ou ses écailles étoient d'un gris de sanglier : on ne prend jamais cette espece de poisson, que lorsqu'une maladie ruinant ses propres forces, permet aux vagues de le jetter sur la plage. Les Italiens l'appellent *Capodolio*.

Bientôt la blancheur des murs de Raguse attira nos regards. Une grosse tour placée au milieu, les moles, & la forme de la ville exciterent notre curiosité. Le desir d'y aborder me fit proposer au chef de notre vaisseau de mouiller à la rade pour pouvoir aller à terre : il le promit ; mais l'intérêt plus fort que les vents lui fit oublier sa parole. Il ne regardoit ces objets que comme des amorces séduisantes, placées à dessein pour rallentir sa course, ou comme des signaux qui lui annonçoient d'assez loin le port d'Ancone, lieu de sa destination. J'eus beau lui vanter la position de Raguse, ses édifices, ses forteresses, & supposer des beautés qu'on n'y trouveroit peut-être pas, rien ne put le toucher ; souvent dans des momens de fureur il murmuroit contre les flots, les tempêtes & les calmes qui retardoient sa navigation : cependant je m'amusois à observer son chien qui, allant de la proue à la poupe, aboyoit & présentoit une gueule irritée aux flots que la mer envoyoit malgré lui sur le pont.

La ville de Raguse est située sur le bord de la mer Adriatique, partie sur une colline, & partie sur la plaine. Elle est murée & fortifiée dans son enceinte. La partie qui borde la plage eſt défendue par pluſieurs batteries de canon ; elle paroît dans ſa moyenne étendue aſſez joliment bâtie. Chaque citoyen a autour de ſa maiſon un terrain où il récolte une proviſion d'olives, de vin & de froment. Les plaines qui ſont aux côtés de la ville ont environ neuf ou dix lieues de longueur. Les côtes qui les bornent ſont dominées par les hautes montagnes de la *Boſnie*, appartenantes au Grand-Seigneur. Cette République eſt ſous la protection de celle de Veniſe & de la Cour Ottomane. Elle ſe nomme un chef, qu'on appelle *Gonfalonier* ou *Gaſpard* en langue Vénitienne. Son palais eſt contigu au lieu où ſe tiennent les aſſemblées des Nobles qui compoſent le conſeil ou le ſénat ; ils ſont au nombre de cent quinze. Le chef demeure toujours dans ſon palais pendant le mois que dure ſon regne. Il porte ſur ſa tête un bonnet à trois cornes ; il eſt revêtu d'un grand manteau rouge ; les nobles portent le manteau noir & le collet blanc. Le Conſul de France a dans la ville une belle maison près du rempart, du côté de la mer ; toutes ces particularités m'ont été dites par un citoyen de l'endroit.

Les Ragusiens s'adonnent au commerce ; ils sont laborieux, bien faits, & excellens marins. Leur industrie, en multipliant leurs jouissances, supplée aux bornes resserrées de leurs états.

A quelque distance nous apperçumes l'île de *Mezzo*, qui est sous leur domination ; c'est une petite île située au pied de deux promontoires. Son port paroît bon, mais il est ouvert au vent d'ouest ; sa figure est celle d'un demi-cercle. Les maisons de cette île sont entourées d'oliviers & d'amandiers. Plusieurs grosses tours, placées de distance en distance, paroissent défendre les avenues de l'île, & servir d'abri à ses habitans contre les attaques de leurs ennemis.

L'île de *Pouzza*, qui est vis-à-vis, appartient aussi à la République. Son étendue est très-bornée. De grands rochers épars çà & là couvroient une partie de son terrain ; les Insulaires les ont déplacés & entassés aux extrêmités de leurs champs, pour y servir de bornes. Ainsi, dans ces lieux, l'on fait forcer la nature à être fertile.

Je suis, &c.

LETTRE X.

Du port de Saccaron, dans l'île de Melada, en Décembre 1776.

M.

Le port de *Calamota*, où nous avons mouillé hier, est ovale & assez vaste, des ruines bordent sa circonférence. On a bâti sur les monceaux de ces vieilles masures quelques maisons, mais rien n'annonce ni bourg ni ville. En parcourant une grande partie de cette île, j'y ai vu beaucoup de plantations en vignes, oliviers & autres arbres ordinaires. On trouve de proche en proche des oratoires illuminés : une grande allée couverte de pampres de vignes me conduisit à la maison du Curé & à l'église qui lui est contiguë. Une simplicité champêtre fait l'ornement de ces deux édifices : le Pasteur étoit absent, mais son

son domestique m'en ouvrit les portes, j'y vis des magasins de laine blanche & très-fine ; elle lui venoit des moutons de cette île ; ils sont une fois plus gros que les nôtres. Ce qui contribue beaucoup à leur donner de l'embonpoint, c'est l'air libre qu'ils respirent la nuit & le jour dans les lieux où on les fait parquer. Il n'est pas de pays où l'on achete les laines & les moutons à meilleur marché : la laine se vend six sous la livre, & le mouton deux sous ; la milrole de vin, pesant cent soixante-dix livres (85 pintes), coûte cent sous. Les Caravanneurs ne sont jamais plus contens que lorsqu'ils peuvent aborder dans cette île, où ils trouvent des approvisionnemens à un prix si modique.

J'ai admiré les travaux pénibles des Insulaires, qui ont défriché le terrein couvert de cailloux & des rochers qui ferment les espaces ensemencés. Ils ont eu l'industrie de creuser dans ces rochers à trois brasses de profondeur pour découvrir la terre. Les femmes se livrent à toute sorte de travail : celui de la pêche les amuse beaucoup ;

Tome I. C

leur parure est négligée ; elles ne portent rien sur leurs têtes. Le sang est généralement beau, & le climat très-doux. La langue du pays est l'Illirique; la religion Romaine y est la seule connue. On n'a pas de peine à démêler dans les mœurs l'empreinte de la candeur & de l'innocence ; on y vit dans la plus grande simplicité. La tranquillité de ces Insulaires n'est jamais troublée que par le souvenir d'un ancien désastre arrivé dans leur pays. Ils m'ont raconté, pendant le séjour que j'ai fait chez eux, la cause de la décadence de leur ville & de sa dépopulation. Charles-Quint faisant la guerre aux Algériens, aborda avec toute sa flotte dans le port de cette île. Frappé d'étonnement à la vue du grand nombre de marins montés sur des felouques & autres bâtimens, il conçut le dessein de les employer à son service : ceux-ci, attirés par l'espoir de la récompense, ou déterminés par des motifs de crainte, cédèrent aux insinuations du Monarque, & se réunirent à sa flotte ; mais une tempête bien plus redoutable que l'ennemi qu'on alloit attaquer, les ayant surpris quelques jours après leur départ, les submergea & brisa leurs légers bâtimens. L'île se trouva dénuée d'hommes; il y resta seulement quatre cents veuves, gémissantes de la perte qu'elles venoient de faire, & de la privation de toute sorte de commerce. Ensevelies dans l'oubli, trop foibles pour lutter contre l'adversité, l'ennui & la misere les accablant, il est aisé de deviner le triste sort de ces innocentes victimes. Les murs que vous voyez le long du mole, me dirent-ils, ces anciens débris, ces maisons détruites nous apprennent à apprécier la gloire des conquêtes. Ces vieux restes, entassés les uns sur les autres, sont pour nous autant de monumens précieux qui nous garantissent des projets de l'ambition. Ils alloient continuer de me faire le récit de leur nouvel établissement, lorsque j'entendis les cris des matelots qui faisoient des efforts pour lever l'ancre. Je quittai ces Insulaires, & me rendis à bord, aussi touché de la belle naïveté de leur ame, que de l'expression de leurs sentimens.

A mesure que cette île s'éloignoit de nous, un petit calme m'en laissoit encore la vue, comme pour me faire envisager de nouveau la vicissitude des choses humaines, & me convaincre que le bonheur se rencontre souvent où on ne le soupçonneroit pas. Avez-vous remarqué, dis-je à nos gens, la gaieté peinte sur le visage de ces Insulaires, la confiance qui accompagne toutes leurs actions, l'empressement avec lequel ils nous offroient les fruits de leurs travaux & de leur industrie, l'aménité de leur caractere & leur politesse, malgré le peu de communication qu'ils ont avec les peuples civilisés ? Ah ! que l'homme est heureux lorsqu'il sait vivre avec peu de besoins ! Ces fortunés Insulaires ne connoissent pas les plaisirs recherchés que l'artifice assaisonne. Le luxe corrupteur leur est inconnu ; point d'intrigue ni de cabale ; la fourberie & la trahison sont des monstres qu'ils détestent : la droiture & la probité dirigent toutes leurs actions; chaque foir ils s'entretiennent de la culture des terres, de l'accroiffement des plantes, de la fertilité que les faifons amenent, d'un côteau embelli, d'un pâturage verdoyant, d'un terrain fufceptible d'amélioration, du travail du lendemain, d'un naufrage évité, d'une pêche abondante. C'eft ainfi qu'ils prennent leurs délaffemens; mais toujours leur converfation finit par des actes de Religion, & des remercîmens adreffés au fouverain Maître qui leur difpenfe fes dons. Les chefs, attentifs à l'éducation des enfans, ne leur laiffent pas ignorer l'obéiffance due au Pafteur qui les inftruit de leur devoir. J'aurois bien d'autres chofes à vous dire fur ce fujet, mais l'île de *Melida*, qui fe préfentoit à nous, fit diverfion à nos entretiens. Elle me parut beaucoup plus étendue que celle dont je viens de parler: je ne fais fi les habitans y jouiffent du même bonheur; elle eft fous la domination de la République de Ragufe. Près delà on voit un beau couvent de Bénédictins, bâti au milieu d'un étang. Ces parages abondent en poiſſons qu'on appelle *Sardes*, dont les marins font un très-grand commerce.

Je ſuis, &c.

LETTRE XI.

En pleine mer.

M.

LA marche de notre vaisseau nous a conduit vis-à-vis l'île d'Agousta; puis nous avons découvert celles de Lissa, Cassa & Corsola. Lissa & Corsola appartiennent aux Vénitiens, Cassa aux Ragusiens; toutes sont couvertes de forêts. L'île de Corsola est plus grande que les deux autres; elle est presque couverte de sapins; notre bâtiment y a fait sa provision de chauffage. On ne voit autour du port qu'un rang de cabanes de pêcheurs, bâties de pierres larges, disposées en plan incliné, pour faciliter l'écoulement des eaux. Ses habitans n'ont d'autre ressource, pour se procurer les objets de premiere nécessité, que le profit de la pêche. Etant desrendu à terre, je me suis promené dans une vaste forêt, qui m'a conduit à une petite plaine couverte d'arbres, dont le fruit qui ressemble à une grosse cérise est bon à manger & très-rafraîchissant. Le gazouillement des oiseaux qui s'y faisoit entendre, me fit augurer qu'elle étoit à l'abri des frimats. Le rapport des pêcheurs que j'interrogeai, fut conforme à ma conjecture ; mais une curiosité passagere nous ayant conduit dans cet agréable séjour, nous le quittâmes bientôt pour continuer notre route vers Lezina, ville capitale de l'île qui porte ce nom. Elle dépend de la République de Venise, & peut avoir environ vingt milles d'étendue. Elle est plus grande & plus fertile que celles dont je viens de parler. Tout y est cultivé, & l'on y voit peu de forêts. Le port de la ville, construit en demi-cercle, est entouré de jolies maisons : on voit aux côtés du mole un couvent de Capucins, dont les dehors & les jardins sont fort agréables. L'autre couvent, qui est du côté opposé, s'appelle en Italien *la Ve-*

neranda. A l'entrée de la ville est un Bureau de santé, distingué par six arceaux soutenus par autant de piliers. Plus avant est une tour carrée, qui domine les maisons de la ville : la forteresse est bâtie sur l'endroit le plus élevé.

Nous sommes entrés dans le canal de Lezina, laissant Espalatro à la droite. C'est une des villes capitales de la Dalmatie Vénitienne ; elle est très-commerçante, son port est très-beau. Parmi ses monumens extérieurs, un clocher d'une structure hardie & d'une élévation prodigieuse tient le premier rang. Nous avons laissé à droite Traou, ville de commerce ; ces deux endroits sont à six lieues de distance l'un de l'autre. Les côtes de cette partie de la Dalmatie paroissent fertiles & bien cultivées. Les hommes sont robustes & d'une taille au-dessus de la médiocre ; ils ne se marient qu'à trente & quarante ans. Les troupes que la République de Venise tire de ces divers endroits sont toutes composées d'hommes aussi beaux que courageux. Bientôt après nous avons eu de la grêle & de la pluie ; heureusement nous avons touché au port de Saccaron, dont la forme est ovale. Plusieurs maisons bordent une partie de sa circonférence. J'espere m'y promener demain, & vous raconter les particularités que j'y aurai remarquées.

Je suis, &c.

LETTRE XII.

Dans le Golfe de Venise, en Décembre 1776.

M.

J'AI été ce matin dans l'intérieur de l'île de Saccaron ; de petits sentiers couvert de roches pointues la rendent d'un accès difficile ; sa population ne va pas à plus de douze cents personnes. Trois Curés placés en différens endroits leur fournissent les secours qu'exige la Religion Catholique. Les productions de cette île sont le vin, l'huile & la cire. Des biscuits, connus sous le nom de galettes, sont le seul pain qu'on y mange. Les Curés vont journellement à la pêche, & trouvent une honnête subsistance dans le poisson qu'ils prennent, & dans le produit de quelques troupeaux à laine qu'ils nourrissent. Ils ont des magasins de poisson salé qu'ils vendent aux Caravanneurs. Leur Evêque fait sa résidence à Zara, pays renommé par l'excellent marasquin qu'on y fait avec des cérises sauvages.

Les habitans de cette île professent avec zèle la Religion Catholique. Ils célebrent les fêtes des Apôtres, & jeûnent la veille. Leur liturgie est en langue Illirique ; leurs mœurs sont douces & pures. Un de leurs Curés m'a dit que depuis sept ans qu'il exerçoit son ministere, ce peuple ne lui avoit pas encore donné lieu de lui faire le plus léger reproche. J'ai remarqué que ces petites îles paroissoient être consacrées à l'innocence. Ces Insulaires sont vêtus d'une étoffe de laine semblable à celle de l'habit des Capucins. Ils portent la moustache, une veste courte & des larges culottes de lin. La douce paix dont ils jouissent est le lien qui les attache au sol natal ; on y voit les femmes ramer comme les hommes. J'ai été ce matin à l'église, où le Curé disoit une messe basse en Illirique ; les sexes n'y étoient point confondus ; on ne peut qu'être édifié de la décence qui s'obferve dans ce temple. Il feroit à fouhaiter que ce bel exemple fût fuivi dans nos grandes villes.

Le beau temps nous a fait fortir du port de Saccaron. Nous avons eu pendant trois heures de fuite le vent en poupe ; un grand calme a fuccédé. Il nous laiffe confidérer à l'aife les montagnes de la Croatie, qui font entre la Dalmatie & la Hongrie. Leur cime très-élevée eft couverte de neiges ; mais la nuit vient les dérober à nos regards.

Je fuis, &c.

LETTRE XIII.

Au port Saint-Pierre de Nimbo, le 24 Décembre 1776.

M.

ON a célébré ici la veille de Noël par plusieurs décharges de canon & de mousqueterie. Chacun suit les rits & les cérémonies de son pays. Nos matelots ont été à terre pour ramasser toutes sortes d'herbes odoriférantes, & en ont fait une gerbe qu'ils ont mise ce soir sur la table à manger, à côté des plats & des mets dont elle étoit couverte. On commence par faire brûler ces herbes, puis on mange. Toutes les fois qu'on boit à l'honneur de la naissance du Rédempteur, on tire des fusées & des coups de pistolets. Cet exercice est souvent répété par nos matelots, dont la dévotion dans ce moment-ci est plus fervente que dans tout autre. La même nappe reste pendant toute l'octave sur la table. Chacun, selon ses facultés, a soin de la parer de ce qu'il peut trouver d'exquis. Dans ce moment nous entendons le chant des Invalides qui gardent la forteresse du port Saint-Pierre ; ils n'ont pas plutôt achevé un cantique, qu'ils tirent un coup de canon, suivi d'un coup à boire en l'honneur du Rédempteur. Jamais ils ne sont plus actifs dans la manœuvre, ni plus attentifs à observer un usage qui à la fin leur fait perdre la raison : c'est ainsi que les abus déshonorent les belles institutions.

Les Schismatiques Grecs ont demeuré dans l'inaction. Ils réservent leur poudre & leurs rejouissances pour la fête de l'Epiphanie ; mais les salves d'artillerie qu'on a faites sur les vaisseaux des Catholiques Romains ont duré jusqu'à l'aube du jour : le feu a été si vif, qu'on auroit cru voir un combat naval ; les rochers du rivage en étoient éclairés.

Je suis, &c.

LETTRE XIV.

Du port Saint-Pierre de Nimbo, en Dalmatie, le 25 Décembre 1776.

M.

EN dépit du feu des canons, le vent du nord a gelé les eaux renfermées dans notre vaisseau, & celles que la mer laisse en se retirant du rivage; il rend la terre aussi dure que le biscuit de Venise que nous venons d'acheter. Ce pain cuit depuis un an, quelquefois depuis deux, est épais, fort brun, & si compacte, qu'on n'en peut diviser les parties qu'en l'écrasant avec un marteau, ou en le faisant ramollir dans l'eau tiéde; la ville de Venise en fournit à tous ses Etats. Elle a des îles qui ne connoissent d'autre pain que celui-là. Il est sain quand on le mange sec. Le Gouverneur du Fort en a bonne provision;

il en vend aux vaisseaux qui viennent aborder dans le pays. Ce petit commerce, joint à cent sequins d'appointemens, l'aident à vivre assez honorablement dans ce lieu isolé.

C'est près d'ici que se fait le fameux vin de *Bratcha*. On égrappe les raisins, & on en laisse les grains exposés pendant un mois au soleil; puis on les presse, & on met la liqueur dans de petits tonneaux.

J'ai été me promener le long de la mer, dont les vagues toujours agitées la couvroient d'une écume aussi blanche que la neige. Les poissons étoient cachés dans leur retraite. Les marins enfermés dans leurs vaisseaux s'y arrangent le mieux qu'ils peuvent, & tirent de temps en temps des coups de canon comme pour faire diversion à l'ennui qui les gagne, & au froid qui les pénetre; mais l'air n'est gueres réchauffé par ces feux passagers. Je vais endosser une grosse cape; c'est sous cette enveloppe que je vous dis: *Felicissima notte.*

Je suis, &c.

LETTRE XV.

Au même port Saint-Pierre de Nimbo, le 26 Décembre 1776.

M.

J'AI fini ma précédente Lettre par un souhait à l'Italienne, tel qu'on me l'a fait hier au soir; je vous l'ai répété avec d'autant plus de plaisir, que je me plais à m'exercer dans cette langue pour n'être pas embarrassé lorsque je serai rendu en Italie. La connoissance de la langue du pays où l'on va est si essentielle, que rien ne la peut suppléer, ni l'expression des signes, ni même le secours des interpretes. Sans doute les gestes muets sont de quelque ressource, par la connoissance qu'ils donnent des premiers besoins; mais hors delà ils sont étrangers & fort inutiles. Leur science, si abstraite en elle-même, a peu de rapport avec les autres objets utiles & curieux. On s'aide à la vérité des interpretes, & ce secours paroît d'un grand prix; mais les inconvéniens qu'il entraîne sont quelquefois plus dangereux que les signes d'une langue muette; d'ailleurs, c'est vivre d'emprunt, que d'avoir recours à des rapports qui ne rendent jamais fidelement ce qu'on veut dire ou savoir; c'est être mené par la main comme un aveugle qui craint de tomber dans des précipices. A combien de désagrémens n'est-on pas exposé, lorsqu'on dépend d'un tiers souvent intéressé à abuser de la confiance qu'on lui donne?

Je ne demande pas au voyageur qui veut aller chez l'étranger une connoissance profonde de la langue qu'on y parle. C'est assez dans le moment qu'il y porte ses pas, que les premieres notions lui donnent la facilité de pourvoir à ses besoins, & de se conduire dans les lieux où il veut aller; je lui promets que, pour peu qu'il s'exerce avec les habitans du pays, il en apprendra plus en six mois par des discours familiers, qu'en trois ou quatre ans dans son cabinet & par le secours des grammaires. L'expérience que j'en ai faite m'est un sûr garant de cette vérité; mais combien ne lui sera pas utile la connoissance parfaite de la langue, si cherchant à instruire les autres, & à leur faire passer ses découvertes, il veut analyser ce qui a rapport à la société? Alors décomposant ce qu'il voit & ce qu'il entend, il assigne à chaque chose son caractere propre; religion, cérémonies, esprit du gouvernement, usage des lieux, caracteres, rien n'échape à sa pénétration; il en fait un trésor où il est libre à tout le monde de puiser des connoissances proportionnées au goût de chacun. Cet amas de découvertes produira des effets merveilleux dans l'opinion publique; on éprouvera tour à tour les sentimens que causent l'admiration & le respect dus à la beauté des exemples proposés pour modeles. Tout étant réglé dans un Etat bien policé, il paroîtroit superflu d'ambitionner la connoissance des mœurs étrangeres, & on pourroit se passer des fruits de la fatyre ou de l'éloge; mais il ne doit pas être indifférent de remettre souvent sous les yeux des hommes l'image de la vertu & du vice, tirée d'un modele étranger: on est moins frappé des exemples domestiques qu'on a devant soi, que de ceux qui viennent de loin: tout étrangers qu'ils sont, il semble qu'on les accueille mieux, & qu'on leur offre de préférence l'hospitalité, à cause de la difficulté du trajet. Les exemples lointains acquierent même un plus haut degré de considération, par la nouveauté du tableau & par le penchant naturel qu'on a à les imiter.

Une chose qui m'étonne, c'est que le François naturellement porté à la nouveauté & aux voyages, est pourtant celui des peuples qui s'applique le moins à l'étude des langues étrangeres; cependant, sans vouloir discuter du mérite des langues, chacune a sa beauté, son élégance & ses attributs particuliers; on pourroit un moment accorder à la Françoise un degré de supériorité, en ce qu'elle a formé des hommes qui l'illustrent par différens genres d'érudition ; mais elle seroit encore bien plus riche, si par des institutions sages on attiroit dans les divers endroits du royaume des maîtres de langue. C'est alors que le talent de chaque particulier seroit multiplié par la facilité de l'instruction, & auroit un plus grand essor. Souvent tel qui se consacre au travail de la charrue & au plus grossier méchanisme, développeroit un talent supérieur pour les langues, & excelleroit dans ce genre ; tandis que celui qui va les apprendre dans les grandes villes, n'y acquiert pas même la science d'un homme médiocre. Mais, dira-t-on, de quelle utilité sera la science des langues étrangeres à des gens qui vivent dans des lieux isolés, qui par état sont obligés de se fixer dans leur patrie pour y cultiver les terres d'où ils tirent leur subsistance eux & leurs compatriotes ? Faut-il donc compter pour rien la satisfaction de ces hommes infortunés, lorsque par le ministere de ces langues ils liront l'histoire des peuples éloignés, soumis à des travaux plus pénibles encore que ceux auxquels ils sont assujettis ? Ne fera-ce pas au contraire un grand délaffement pour eux, lorfque comparant la diverfité des états, ils fe verront plus heureux que les autres, fur-tout lorfqu'ils en feront convaincus par des lectures puifées dans l'original, bien plus capable de leur faire impreffion que le rapport fouvent fort infidele des Commentateurs ? Mais fi parmi cette claffe d'hommes groffiers il s'en trouve un que la connoiffance des langues excite à voyager, l'Etat fe trouvera dédommagé des frais de cet établiffement par l'avantage des connoiffances qu'il apportera, & par la haute idée qu'il donnera aux climats étrangers de fon utilité. Je vous dirois quelque chofe de plus fur cet objet ; mais je crains qu'à force de parler des langues, la mienne n'en ait trop dit.

Je fuis, &c.

LETTRE XVI.

Au port Saint-Pierre de Nimbo, le 29 Décembre 1776.

M.

UN vaisseau Suédois vient d'entrer dans le port ; il a mis trente-six jours à venir du canal de Malthe ici ; ses voiles déchirées par le gros temps nous avertissent de ne pas nous y exposer. Le Capitaine de ce bâtiment avoit pour mousse un jeune homme originaire de Paris, que ses grandes dispositions ont élevé, dans neuf mois de service, à la premiere place du gouvernail. Il fait toutes les manœuvres du matelot le plus expérimenté. Je l'ai vu sensiblement touché du mauvais traitement qu'il éprouvoit de la part des gens de l'équipage, & bien plus encore du danger où il étoit de perdre sa religion dans un lieu où tous suivent la religion protestante.

Seul Catholique, il est en butte à toutes les railleries que la diversité des religions inspire. Les commissions humiliantes & pénibles lui sont toujours réservées, & la moindre négligence est punie avec la plus grande sévérité. Après qu'il m'eut fait toutes ses plaintes, je lui donnai un livre de prieres qu'il saisit avec empressement, en m'assurant qu'il le liroit en secret tous les jours, espérant y trouver un adoucissement aux peines & aux vexations qu'il éprouve parmi sa société. Son bâtiment part demain pour se rendre au port de Fiume, appartenant à la Reine d'Hongrie, où il doit se décharger de ses denrées. J'écris au Consul de France qui réside à Trieste, pour tâcher de faire avoir la liberté à ce jeune homme, & je lui expose le motif le plus capable de l'intéresser en sa faveur ; j'écris même à l'Archidiacre de Fiume, qu'on dit être d'un très-grand zele, le priant de concourir à sa délivrance. Je ne sais si ma recommandation aura assez de force ; je me flatte pourtant qu'elle sera favorablement accueillie, persuadé que la plus douce satisfaction que l'homme puisse goûter, est de contribuer au bonheur de ses semblables.

Je suis, &c.

LETTRE XVII.

Du port de l'île de Luſſin en Dalmatie, le 8 Janvier 1777.

M.

Tous les ports que j'ai vus dans les îles dépendantes de la Dalmatie, ont une forme ovale, & ſont formés par la nature ; je doute que l'induſtrie en faſſe de plus ſûrs. Celui où je ſuis n'a pas une grande étendue, mais il eſt bon. Je l'ai quitté ce matin pour obſerver la nature & les propriétés de cette île. Je n'ai trouvé en y entrant qu'un ſol hériſſé de petites roches, qui conduit à un hameau où eſt une égliſe ſervie par trois Prêtres, qui prennent le nom de Chanoines. Plus loin & à la gauche eſt une petite ville, dans laquelle eſt une grande égliſe ſervie par vingt Prêtres, dont la fonction eſt de chanter l'Office &

d'administrer les sacremens. Leur chef s'appelle *le Provan*. J'ai trouvé beaucoup d'honnêteté dans cet Ecclésiastique. Le terrain de cette île est généralement surmonté de collines, qui laissent entr'elles des espaces, des vallons dans lesquels on seme les grains. Les côteaux sont couverts de vignes & d'oliviers, les pâturages sont excellens, sur-tout pour les troupeaux à laine. Les habitans sont tous marins ou pêcheurs. Les femmes tiennent la charrue & le gouvernail comme les hommes. Le sang y est très-beau; en général ces petites îles se ressemblent assez par les productions, la fertilité & le costume. Le mauvais temps qui s'annonce par des nuages épais, m'a fait prendre la chaloupe pour me rendre à bord. *Obranoch.*

Je suis, &c.

Femme D'ALMATE.
De l'isle du grand Lussin.

LETTRE XVIII.

Du port de l'île de Luſſin en Dalmatie, le 9 Janvier 1777.

M.

JE vois arriver une polacre Napolitaine, vaiſſeau à trois mâts, qui doit partir au premier beau temps pour Gênes & pour Marſeille, où elle porte une cargaiſon de bled qu'elle a pris à Ancone, d'où elle eſt partie la ſeconde fête de Noël, ſans avoir pu faire d'autre trajet que celui de venir ici ; c'eſt-à-dire, qu'elle a mis douze jours pour faire vingt-cinq lieues. Je ſuis perſuadé que le plaiſir qu'elle a d'être ici n'égale pas le déſir qu'elle avoit de s'y rendre.

Nous avons ſur notre bord un Navigateur étranger, qui nous aſſure qu'il s'eſt perdu, depuis le commencement de l'hiver, plus de cent vaiſfeaux dans la Méditerranée, le golfe Adriatique & la mer d'Hollande. Le vaisseau que nous avions trouvé entre la Sicile & la Sardaigne, & qui avoit voyagé avec nous pendant trois ou quatre jours, a eu le malheur d'être submergé par la tempête qui nous sépara de lui, en nous jettant au Val d'Alexandrie ; je n'entends parler ici que de malheurs & de désastres. Les vieux marins disent qu'ils n'ont jamais vu la mer si agitée. Ses bords en certains endroits sont couverts des débris des vaisseaux victimes de sa fureur. Que ne peut-elle nous apporter aussi quelques-unes des pierres précieuses qu'elle recele dans son sein ! J'en choisirois une, dont l'éclat seroit l'image de la joie que j'aurois à vous l'offrir ; mais comme elle ne nous jette que des coquilles, je vous en envoie une dans laquelle vous trouverez l'apostille que je ne mets pas dans cette Lettre.

Je suis, &c.

Femme de l'isle de CALAMOTA.

LETTRE XIX.

Au port d'Ancone, le 14 Janvier 1777.

M.

ENFIN nous avons mouillé dans le lieu après lequel nous soupirions depuis deux mois. Notre joie a éclaté par des remercîmens réitérés à la divine Providence qui a daigné combler nos vœux. Tout étoit en mouvement; les matelots tiroient avec transport les canots de l'entre-pont pour les lancer sur mer; chacun s'empressoit de prendre ses équipages pour aller à terre. J'ai pris congé du Capitaine Belucci. Mes sentimens de reconnoissance égalent le regret que j'ai eu de me séparer d'un si galant homme. Nos adieux ont été suivis des plus vives expressions.

Le mole qui environne ce port fut commencé par Benoît XIV, & sa perfection s'accélere par les soins de Pie VI. On bâtira à son entrée un Fort, sur lequel on placera le phare. Sur ce mole sont deux arcs de triomphe : le premier, bâti en marbre blanc, est dédié à Trajan. On lit au-dessus une inscription latine qui rappelle le souvenir des bienfaits que cet Empereur répandit sur le pays. Le second, aussi en marbre blanc, a été bâti à l'honneur des souverains Pontifes qui ont fait travailler à la construction du port. Une pierre de marbre, longue de six pieds & large de quatre, contient les noms des Auteurs de l'ouvrage. Le port est vaste & environné d'édifices d'une belle structure. On travaille à rétrécir son entrée, en prolongeant la gauche du mole. Ainsi le volume des eaux qui y entreront, ne sera plus si considérable, & les vaisseaux à l'ancre ne courront plus le danger d'en être incommodés. La ville d'Ancone est bien bâtie, surtout la partie des maisons qui regardent le port. Elle est située entre deux monticules qui la dominent. Une forteresse est placée sur l'une, & un couvent de Religieux sur l'autre. L'intérieur de la ville est orné de belles églises & de belles places; les rues sont étroites. La cathédrale, dont S. Cyrice est le Patron, se fait remarquer par un portique gardé par deux lions, soutenant chacun sur leur dos une colonne de marbre de la hauteur de dix-huit pieds, & tenant dans leurs griffes un gros serpent. L'église est d'architecture gothique. Au milieu de la nef, sont deux portes par où l'on va aux chapelles souterraines, qui renferment les reliques de plusieurs Saints, notamment celles du Patron. A la gauche de la nef est le superbe mausolée de S. Antoine de Fata, Evêque d'Ancone, dont j'ai vu le corps revêtu des habits pontificaux. Les Jésuites avoient dans cette ville une assez belle église, dont les tableaux & le dôme font le plus bel ornement. La place principale de la ville est un grand carré long, à l'extrémité duquel est placée une statue colossale de Clément XII, assis sur un piédestal de marbre, où on lit une inscription qui marque que ce Pontife a été le premier à continuer le port, que les Romains avoient commencé. Près delà s'éleve une tour de marbre carrée, qu'on dit avoir été bâtie par Sixte V, au milieu de laquelle font deux griffons qui verfent abondamment de l'eau. L'hôtel Mancini m'a paru le plus beau de la ville; celui du Conful de la Nation Françoife eft fitué dans la plus belle rue. On porte le nombre des citoyens à vingt mille, fans y comprendre les étrangers que le commerce maritime y attire. Cette ville eft la capitale de la province de la Marche-d'Ancone. Le féjour de ce lieu, très-agréable en lui-même, le devient encore plus par la douceur du gouvernement & par la bonne police qui s'y obferve. On y confervera long-temps le fouvenir du favant Lambertini, qui fut Evêque de cette ville, & qui parvint enfuite à la papauté fous le nom de Benoît XIV.

Je fuis, &c.

LETTRE XX.

A Lorette, le 16 Janvier 1777.

M.

J'AI passé ce matin d'*Ancone* à *Castelangelo* & à *Caberano*, bourgs qu'on trouve sur la route de *Siroles*. On voit presque par-tout des côteaux & des collines fertiles & bien cultivées; le terrain est couvert de froment, de vignes en espaliers, d'orangers, d'oliviers, & d'autres arbres fruitiers; sur les hauteurs sont des châteaux & de belles maisons de campagne appartenantes à divers Seigneurs. Je suis arrivé à midi à *Siroles*, petite ville bâtie sur le haut de la plage qui domine la mer; sa position est très-agréable; ce qu'elle renferme de plus remarquable est un grand Christ en bois de cédre, d'une taille plus qu'humaine, & d'une grande beauté. J'ai continué ma route vers *Lorette*, où j'ai été rendu à trois heures; je croyois n'y trouver qu'un lieu de dévotion isolé : cependant plusieurs édifices formant ce qu'on peut appeller une jolie ville, m'ont offert divers objets de curiosité; le Palais Apostolique y tient un rang distingué; c'est la demeure du Gouverneur, des Pénitenciers, & de plusieurs Officiers de la Sainte-Maison. Cet édifice, digne de la magnificence des Pontifes, est formé de pierres de taille & de briques; il a cinq étages & deux rangs de portiques l'un sur l'autre, d'ordre dorique & ionique, couronnés par une platte-forme, & gardés par une balustrade, sur laquelle des statues doivent être placées; il est du dessin de Bramante d'Urbin, un des plus habiles Architectes que l'Italie ait produit. La statue colossale de Sixte V, originaire de la Marche-d'Ancone, est représentée assise sur un piédestal, donnant la bénédiction au peuple. La fontaine Galli, située sur la place de la porte Romaine, est ornée d'un grand nombre de figures, qui jettent l'eau en abondance, & particulierement de cinq coqs de bronze, surmontés d'un basilic ; ce métal n'est pas rare dans ce lieu. Les trois portes de la Cathédrale sont ornées de bas-reliefs estimés des connoisseurs, & sont aussi de bronze ; le Baptistere l'est de même. C'est un superbe vase, porté par des Anges, chargé de bas-reliefs d'un goût exquis, & analogues au Baptême. Il est couronné par deux figures représentant Jesus-Christ baptisé par saint Jean ; le couronnement est environné de quatre statues, emblêmes de la Religion ; leur piédestal porte les attributs de sa vérité, de sa pureté, de sa stabilité. La coupole de l'Eglise, qui couvre la Sainte-Maison, est du dessin de *Bramante* ; les marbres qui l'environnent sont des plus célébres Sculpteurs ; ils sont tellement finis, qu'on les diroit tous faits de la même main. La Chapelle, qu'on nomme *Sancta Caza*, est presqu'au milieu de la nef, sous la coupole de l'église. Elle est revêtue de marbres très-recherchés. La vénération due à ce saint lieu méritoit bien les ornemens dont il est décoré ; mais ce qu'il y a de plus précieux, c'est ce qui est renfermé dans la Sainte-Chapelle. Tout le monde sait le transport miraculeux de la Sainte-Maison à Lorette. Je ne le raconte que parce qu'on ne sauroit trop répéter aux hommes les événemens marqués du sceau de la Divinité.

Une tradition constante dans le pays atteste que la maison de la Sainte Vierge, située à Nazareth, où le Verbe s'est fait chair, a été convertie en Chapelle du temps des Apôtres, & entourée ensuite d'une église par sainte Hélene, mere de l'Empereur Constantin ; que cette Chapelle a été visitée avec dévotion par plusieurs grands personnages, tels que S. Jérôme, S. Louis, & autres Princes François ; qu'enfin elle a été transportée en Dalmatie, province de l'Illirie, & delà dans la Marche-d'Ancone, pays d'Italie, où est située la ville de Lorette ; mais on ignoroit jusqu'au douzieme ou treizieme siecle d'où cette Chapelle étoit venue. Il étoit dans les décrets de la divine Providence que cet événement miraculeux fût révélé à un homme simple, qui le communiquât ensuite à des gens de bien. Ceux-ci voulant savoir la vérité choisirent seize personnes pour aller à Jérusalem & à Nazareth s'informer du vuide qu'elle avoit laissé ; lesquels ayant pris la mesure de la sainte Chapelle, trouverent dans la confrontation des lieux la plus exacte conformité, & rapporterent avoir vu dans l'église de Nazareth une inscription gravée sur le mur, qui enseignoit que la Chapelle qui avoit été autrefois dans cet endroit, avoit disparu. Ces voyageurs, de retour dans leur pays, rendirent compte de leur mission.

Des témoignages si nombreux, si capables de fixer les incertitudes, donna un grand accroissement à la piété des peuples. On vit un concours innombrable de Fideles rendre hommage à la sainteté de ce lieu, qui devint encore plus respectable par les grands miracles qui s'y opéroient. On y accouroit de toutes parts, & chacun étoit jaloux d'y laisser les marques de sa reconnoissance par des dons & des offrandes. Il est impossible de fixer le prix des richesses que contient le trésor renfermé dans ce saint lieu. En considérant ce que j'ai vu dans l'intérieur, je ne crois pas qu'il en existe de pareil. Ces immenses richesses composent deux trésors placés en deux endroits différens, dont il m'est impossible de donner un détail numérique. Celui qui est dans la Sainte Maison renferme vingt-deux lampes d'or, moins distinguées par la matiere que par la délicatesse du travail, la variété des desseins & la finesse du goût ; la plus considérable est celle de Venise, pesant quatre-vingts marcs d'or. On y voit plusieurs bustes d'or & d'argent, parmi lesquels il en est un d'argent du poids de sept cents marcs. La figure en or que l'on voit entre les mains d'un Ange, pese quarante-huit marcs ; c'est le poids de Louis XIV lors de sa naissance. Il est nud sur un coussin diapré de fleurs de lis, les bras étendus, le visage riant & la bouche un peu entr'ouverte, qui laisse appercevoir les deux dents avec lesquelles il vint au monde ; c'est un présent fait par Anne d'Autriche, épouse de Louis XIII, qui, après plusieurs années de stérilité, accomplit son vœu en offrant son fils Louis XIV à la Sainte Vierge. La figure en or qui offre les deux couronnes d'or qui sont sur les têtes de la statue de la Vierge & de l'Enfant, est de Louis XIII. La plus grande couronne est enrichie de vingt-quatre gros diamants taillés en brillans, d'un en rose, de vingt-huit en facettes, tous de moyenne grandeur, & de dix-neuf cent trente-neuf petits. La petite couronne pesant neuf onces est enrichie de quatorze cent douze diamants, dont quatre-vingt-quatre d'une moyenne grandeur, & les autres extrêmement petits. Le drap qui couvre la Sainte Vierge, est enrichi de toutes sortes de pierres précieuses. L'autel, la balustrade, les portes d'entrée & les crédences sont d'argent massif. Il n'est pas possible d'exprimer la multitude des choses précieuses renfermées dans cet espace sacré, dont on ne sauroit apprécier la valeur.

Je croyois qu'on ne pouvoit rien ajouter à tant de richesses & de beautés ; cependant on m'a conduit dans une vaste salle d'environ cent pieds de long sur quarante de large, où est le second trésor. Les côtés, dans toute leur longueur, sont remplis de tout ce que les hommes peuvent voir de riche & de curieux en or, pierreries, métaux, ouvrages faits sur le Caffia, &c. De tous ces dons immenses qu'il seroit trop long de détailler, je ne parlerai que de ceux qui m'ont le plus frappé, tels, par exemple, qu'une pyramide de saphir d'environ un pied & demi de hauteur & de deux de base ; un livre de prieres tout garni de pierres précieuses ; un sabre dont la poignée & le fourreau sont couverts de cent quarante-six pierres précieuses, diamans, émeraudes, rubis, turquoises, &c. ; une lampe d'or suspendue par trois chaînes d'or, & portée par une colombe de porcelaine, tenant dans son bec un rameau d'olivier d'or, garni de huit émeraudes. On compte dans cette lampe, qui est un don du prince Pamphili, neveu d'Innocent X, cent quatre-vingt-une perles, deux cent huit rubis, cent trente-huit diamants, cent cinquante-une émeraudes, dix-sept topazes, quatre saphirs, deux grenats & une jacinthe; une galere d'argent avec ses rames, ses bancs, ses antennes & ses canons; les voiles & le pavillon sont en or, c'est un vœu du Duc de Toscane. Enfin on montre dans cette salle un tableau de Raphaël d'Urbin, le plus excellent peintre qui ait paru depuis la renaissance des beaux-arts. Il représente la Sainte Vierge tenant dans ses mains un voile pour couvrir l'enfant Jesus couché à ses pieds, & S. Joseph se tenant en arriere comme en extase; ce qui est très-remarquable, c'est l'attitude avec laquelle la Sainte Vierge tient le voile pour couvrir l'Enfant, & le naturel simple avec lequel celui-ci veut le prendre, en allongeant ses bras & ses mains. Un amateur, touché de la beauté du tableau, en offrit quatorze mille séquins (1). Je ne finirois pas si je vous faisois le dé-

---

(1) Le séquin vaut environ onze livres, monnoie de France.

tail des statues d'argent de grandeur naturelle, des roses d'or, des soleils, des croix, des calices, des représentations de villes, des pierres gravées, & de tous les objets dignes d'admiration que l'on voit dans cette Sainte-Maison.

Je suis, &c.

LETTRE XXI.

A Marcia, 19 Janvier 1777.

M.

LE mauvais temps par lequel je suis parti de Lorette, a augmenté les regrets que j'avois de quitter cet agréable séjour. Les plaines que j'ai trouvées couvertes de neiges jusqu'à Recannati, étoient bien peu capables de me dédommager des beautés que je venois de voir, & je crois qu'il me faudra voyager long-temps avant d'en trouver de pareilles ; cependant, comme ces objets sont hors de ma dépendance, je vais mettre à profit ce que je trouve à portée, & qui s'offre à ma vue. La ville de *Recannati* où j'ai passé, est située sur une hauteur : elle est entourée de petites collines bien cultivées, & parées d'oliviers & de vignes en espaliers. Son accès est très-rude pour les voitures ; la descente l'est encore plus. Elle est plus longue que large, & présente de beaux édifices, parmi lesquels il en est un qui mérite l'attention de l'étranger par la beauté du frontispice. Après être descendu de cette ville pour joindre la route qui conduit à Macérata, on entre dans une plaine qu'arrose une riviere nommée *Potenza*. On voit sur la hauteur qui la domine un bourg appellé *Monte-Novo*. Avant d'arriver à l'extrêmité & au pont bâti sur cette riviere, est un vieux amphithéâtre dans lequel on compte une vingtaine d'arcades d'une élévation majestueuse, sans y comprendre celles qu'on voit détruites.

Les débris des murs font regretter la perte de l'ensemble. A quelque distance delà j'ai joint Macérata ; c'étoit à l'entrée de la nuit, ce qui m'a empêché de voir les particularités de cette ville ; mais les personnes qui la connoissoient m'en ont parlé d'une maniere très-laconique. J'en suis parti le lendemain avant le jour ; j'ai trouvé la route couverte de neige jusqu'à Befimare, où je n'ai rien vu de remarquable. J'ai paſſé par la ville de *Tolentin*, qui eſt bien bâtie ; mais ce qui l'honore le plus , c'eſt l'avantage qu'elle a de poſſéder le corps entier de S. Nicolas , illuſtre par la ſainteté de ſa vie & par ſes miracles. L'égliſe où il eſt enfermé eſt belle ; le parvis eſt en quadres dorés, chargés de bas-reliefs & de figures peintes à freſque. On y compte dix autels , ſans y comprendre celui du chœur, fait en demi-cercle , d'un très-beau bois verniſſé. La Chapelle où repoſe le Saint eſt richement ornée, & couverte depuis le haut juſqu'au bas des ſignes brillans de la reconnoiſſance des Fideles.

A quelques milles de cette ville j'ai commencé à traverſer les hautes montagnes d'Ancone, couvertes de neiges & de chênes. Elles ont environ dix-huit milles d'étendue ; j'y ai reſſenti un froid exceſſif. On trouve depuis Tolentin juſqu'à Marcia des murs aux côtés de la route , conſtruits par les ſoins de Benoît XIV & de Clément II , pour empêcher que les voitures ne ſe précipitent dans les bas-fonds, qui font d'une très-grande profondeur. Cette route a été faite aux dépens de l'églife de Lorette, pour en faciliter l'avenue aux étrangers. Les Auberges où fe tient la pofte font dépourvues de tout ; on n'y fert que du vin de ce froid climat, & on le fait cuire pour en corriger l'acide. Les vignes font mariées à l'érable, au cérifier & au pommier. L'Apennin, que je traverferai demain, en fortant de Marcia, s'annonce par un froid qui m'empêche de tenir la plume. Je vais voir fi le fouper auquel on m'appelle, fera meilleur que le dîner de Betfimare.

Je fuis, &c.

LETTRE XXII.

LETTRE XXII.

A Spoleto en Ombrie, le 21 Janvier 1777.

M.

J'AI achevé de traverser les montagnes glacées de l'Ombrie, contiguës à celles d'Ancone, graces à la neige tombée la nuit derniere, qui, en adouciſſant le temps, m'a permis de pénétrer ces grandes forêts. On trouve ſur la roûte qui eſt entre ces montagnes trois villages. Au-deſſus de celui de Belfioré paroiſſent des caſcades, dont la plus élevée a environ deux cents pas de hauteur. Son volume fournit ſuffiſamment d'eau à un moulin placé au bas. Les bâtimens délabrés qu'on voit dans ces lieux eſcarpés, prouvent l'ancien goût qu'on avoit pour la ſolitude. J'ai mis ſix heures à faire le trajet montagneux avant d'avoir pu joindre la plaine de *Folino*. En y entrant, j'ai vu des forêts d'oliviers dont on n'avoit pas encore cueilli les fruits, qui ne font gueres plus gros qu'un grain de raifin; ils font maintenant près de leur maturité; l'huile qu'on en tire eft excellente. La ville de Folino, fituée au milieu d'une plaine très-fertile, offre au voyageur une belle route pour y arriver, & de beaux édifices pour les citoyens. Elle contient quinze mille habitans. Ses principales églifes font la Cathédrale, fous le nom de S. Félicien, celles de S. Jacques & des Religieufes de fainte Anne. On voit dans toutes de beaux tableaux & de belles peintures à frefque; on admire fur-tout celui qui eft dans la Sacriftie de la Cathédrale.

Ayant pris quelques heures de repos, j'ai dirigé ma route vers Affife, où je fuis arrivé à la pointe du jour. Cette ville, bâtie fur le penchant d'une colline, domine la jolie plaine de Folino. Les maifons font conftruites en pierres de taille & en briques, de même que le pavé. A gauche, en entrant dans la ville, eſt l'égliſe où répoſe le corps de ſainte Claire. Au milieu de la rue eſt un portique de l'égliſe principale, ſoutenu par ſix grandes colonnes cannelées. Au fond & ſur la même ligne eſt l'égliſe où repoſe le corps de S. François. Elle eſt conſtruite à la Grecque; le pavé eſt de marbre rouge & blanc. J'ai été enſuite à une autre égliſe qui eſt ſur celle-ci. Sa voûte peinte en azur eſt admirable; les côtés de la nef le ſont à freſque; la boiſerie du chœur eſt fort belle. J'ai deſcendu enſuite dans la plaine pour voir l'égliſe de N. D. des Anges, éloignée d'Aſſiſe d'un mille. Ce temple eſt plus vaſte que ceux dont je viens de parler. On dit que dans ſon centre étoient la chambre de S. François & le lieu des apparitions dont la Divinité l'honoroit. On montre encore la cellule où il étoit quand Satan le tenta, & l'endroit où il ſe jetta pour vaincre la tentation. Près de là eſt un grand cyprès qu'on dit avoir été planté par le Saint, & qui paroît s'élever comme pour indiquer le lieu où la ſcène ſe paſſa.

Près des murs de cette Eglise font vingt-six griffons placés de distance en distance, & donnant de l'eau sans interruption. Retournant à Folino, pour aller à Spoleto, on trouve la cité de Trevi, dont la plus grande partie des maisons est située sur une colline fort élevée, l'autre l'est sur le bas. La plaine de Folino à Spoleto a six lieues de longueur, & environ deux de largeur. Son centre est couvert d'arbres qui soutiennent les rameaux des vignes. Ses environs sont bornés par des côteaux couverts d'oliviers. Spoleto est le point qui ferme l'ovale de cette plaine. A l'entrée de la porte de la ville on lit une inscription latine qui invite les étrangers à y fixer leur séjour, en ces termes : *Peregrini, venite, manete.* J'ai cédé à son invitation en y passant la nuit.

Je suis, &c.

LETTRE XXIII.

A Rome, le 14 Janvier 1777.

M.

La saison trop rude pour les voyageurs fait que je m'arrête peu dans les endroits où je passe, afin de joindre au plutôt celui où je dois me fixer. J'ai pourtant voulu, chemin faisant, visiter la riviere qui forme la fameuse cascade de la Nera, qui est à une heure de chemin de la ville de *Terni*. Son volume grossi considérablement par la fonte des neiges, est d'environ deux brasses de profondeur. Sa chute est de deux cents pieds; les gouttes d'eau jaillissantes de bas en haut, en ont cinquante de hauteur, & forment un nuage qui, frappé des rayons du soleil à une certaine heure du jour, présente le plus beau prisme & ravit les yeux du spectateur. J'avois observé autrefois le même phénomene dans un lieu des Pyrénées, où la source du Gave se précipite de cent pieds de haut. Il semble que la Nature se plaise à s'embellir dans la solitude, comme pour montrer aux hommes les effets de sa puissance.

J'ai passé à Narni, ville où finit la plaine d'Ombrie. On peut diviser cette province en cinq cercles séparés par des collines ; chaque cercle peut avoir cinq ou six lieues de diametre, elle est très-abondante en vins, grains & huiles ; elle pourroit acquérir un plus haut degré d'opulence, s'il y avoit des manufactures. La province de la Sabine, où j'ai passé, est bien moins étendue. Roubino, premiere ville que j'ai rencontrée, ne paroît avoir d'autre avantage que celui d'être placée sur un lieu élevé. Delà à *Civita-Castellana* on trouve, pendant cinq heures, des chemins gâtés & un pont construit par les ordres d'Urbain VIII, sous lequel passe une riviere qui va se joindre à celle de la Nera, dont les eaux fertilisent une partie de l'Ombrie &

de la Sabine. Dans le bourg de *Regnano*, qu'on trouve en venant de Civita-Castellana, est une place bâtie en rectangle, au milieu de laquelle est une grande statue de marbre qui représente un Préteur Romain. Au sortir de ce lieu on marche dans une grande route pavée de larges pierres, qui conduit à Castel-Moro. La plaine qui l'avoisine est mélangée de côteaux agrestes & cultivés. Le pays paroît très-bon pour le pâturage des bestiaux & des troupeaux à laine. A trois milles de ce bourg on commence à découvrir la fameuse coupole de Saint Pierre de Rome, d'où j'étois éloigné de sept lieues. Je ne puis exprimer le plaisir que m'a causé cette belle perspective. Je courois à ce point de vue avec autant d'empressement, qu'à une borne chérie qu'on est sur le point de toucher. Cette coupole ne laissoit voir qu'elle, comme pour jouir seule du plaisir d'attirer la curiosité. J'ai repris bien vîte la route Flaminienne, qui m'a conduit au pont du Tibre, où je suis arrivé à midi : delà on va l'espace d'un mille par une rue dont les côtés font bordés de murs & d'anciens édifices connus par cette inscription : *Vinea del Signor N. . . .*

On aboutit à la porte del Popolo, qui annonce par sa belle structure les grandes beautés de la ville. On voit en entrant une vaste place ornée de beaux édifices & d'un obélisque de soixante-douze pieds de haut, qu'Auguste fit transporter d'Egypte, & fit ériger dans le grand cirque. Elle avoit été construite par les ordres d'un Roi d'Egypte, nommé *Sochis*, & dans la ville d'Héliopolis ; autour de la place, trois grandes & belles rues, & deux églises de la même forme. Cet ensemble offre le coup-d'œil le plus ravissant. Je suis entré par la rue du Cours, la plus belle de toutes, & la seule qui ait des trotoirs, & j'ai été consacrer au champ de Mars les premiers momens de mon arrivée.

Je suis, &c.

LETTRE XXIV.

De Rome, 28 Janvier 1777.

M.

ROME, bâtie sur douze petites collines, a, selon le calcul le moins étendu, treize milles de circuit. Les divers genres de beautés que l'on rencontre à chaque pas dans cette ville, en font un lieu délicieux pour les curieux amateurs. Tout y est noble, grand, majestueux. Les colonnes, les palais, les fontaines qui coulent dans les lieux publics & dans les maisons, les statues colossales, & les temples des anciennes divinités sont autant d'objets qui transportent l'ame de l'étranger, & forment un ensemble qu'il m'est impossible de vous détailler. Tous paroissent se disputer les regards & l'admiration. Il regne en tr'eux une telle rivalité, qu'aucun en son genre ne cede à l'autre. Ils sont comme autant de points fixes placés à dessein pour partager l'attention du spectateur, sans courir le risque de perdre le crédit que mérite leur perfection particuliere.

Les Beaux-Arts y sont portés au plus haut degré de perfection. Qu'on examine les édifices, l'Architecture y a son ordre distingué; la Sculpture, un ciseau tout-à-la-fois noble & délicat; la Peinture, un pinceau qui donne la vie aux êtres inanimés, & cet Art est si répandu, que les maisons des simples Particuliers sont remplies de dessins en ce genre. Mais qu'on est frappé d'admiration lorsqu'on entre dans les palais des Princes & des Cardinaux! C'est-là qu'on voit de vastes cours, des portiques superbes, des escaliers à large rampe, gardés par des statues de marbre, postées de distance en distance, les unes assez près des autres, comme autant de sentinelles qui indiquent aux curieux les plus superbes appartemens, ornés de ce que l'Architecture & la Peinture ont de plus beau. Si l'on ouvre le cabinet des Curiosités, on le voit plein de Monumens antiques, Momies, Marbres, Tableaux, Mosaïques, Médailles, Idoles, Dieux du Paganisme, en bronze, en porphyre & en granit; la mémoire qui voudroit s'approprier le tout, & en conserver le modele, ne peut être dans un plus grand travail que dans ce moment de curiosité. Au sortir de ces lieux on diroit que la nature & l'art ont épuisé leurs facultés, si les autres lieux de Rome ne montroient que le trésor en est inépuisable. Je vous parlerois bien du Vatican, où demeure le Souverain Pontife, de la vaste étendue de cet édifice où l'on compte douze mille chambres, du nombre de ses cours qu'on porte à vingt-cinq, de la noblesse des escaliers, de la longueur des corridors, de la grandeur des salles & des galeries ornées des plus belles peintures; de la fameuse Bibliothéque du Muséum, enrichi de ce que l'antiquité a de plus beau; des autres édifices plus anciens répandus dans la ville; du fameux Panthéon bâti en rotonde, Temple où toutes les divinités païennes étoient rassemblées ; de la multitude & de la grosseur des colonnes de granit qui ornent son portique ; de l'amphithéâtre de Flavius près du Mont - Palatin ; du temple de la Paix & de la Concorde, de l'ancien arc de Titus, sous lequel les Juifs d'aujourd'hui n'osent passer, & où est gravé le chandelier à sept branches dont on se servoit dans les cérémonies de l'ancienne Loi ; des deux grandes colonnes Trajane & Antonine, couronnées de statues de bronze situées au milieu des différentes places, chacune d'elles représentant les victoires des Romains, & les beaux faits qui les ont illustrés sous le regne des Empereurs ; de la fontaine de Trévi, qui venant du haut des rochers artistement placés, se précipite avec impétuosité au bas d'un vaste réservoir, se reproduisant sur les autres parties de cette même montagne en des jets qui annoncent son abondance & sa force ; enfin de tant d'autres superbes monumens : mais je crois plus intéressant de vous parler des nouveaux temples bâtis par les Chrétiens, qui font d'une beauté & d'une richeſſe ſans exemple.

Il étoit bien juſte que Rome, le centre de la Religion Catholique, l'emportât ſur toutes les villes du monde par la magnificence de ſes temples; & que les Fideles Chrétiens voulant ſignaler leur reconnoiſſance, en dreſſant des autels dans les lieux où la Foi a le plus triomphé, fiſſent éclater leur zele par tous les moyens que les arts peuvent fournir. Il étoit juſte que les ſentimens de leur cœur fût manifeſté par des édifices conſacrés au Dieu qui vouloit y recevoir leurs hommages. J'ai déja viſité une partie de ces temples dont la beauté m'étonne. Celui qui fixe le plus mon attention, eſt l'égliſe de Saint Pierre. Je doute que le temple de Salomon ait pu être plus beau. Il eſt bâti au fond d'une place des plus vaſtes, ornée ſur les côtés de deux portiques faits en forme circulaire, qui commencent à l'entrée, & qui ſe prolongent juſqu'à la façade de l'Egliſe. Les portiques, dans leſquels on compte trois cent vingt colonnes de deux braſſes de circonférence, font couronnés d'une baluſ-trade gardée par cent trente-ſix ſta-tues coloſſales de pierre, qui repré-ſentent les différens Apôtres de la Re-ligion. Au milieu de la place eſt un obéliſque de granit d'une ſeule piece, haut de cent treize palmes, ſans y comprendre le piédeſtal qui en a trente-ſept. Il fut tranſporté de l'Egypte par les ordres de l'Empereur Caligula. Quatre lions de bronze, couchés aux quatre coins du piédeſtal, portent ſur leur dos cette maſſe énorme. Sur la pointe de l'obéliſque eſt une croix de bronze de dix palmes de hauteur & huit de large, dans lequel eſt renfermée une partie du bois de la vraie Croix. On rapporte que Sixte V voulant pré-ſerver ce précieux fragment de l'in-ſulte des mains profanes, le fit placer dans ce lieu hors d'atteinte, pour le conſerver à la vénération pu-blique. Cet obéliſque devient encore plus admirable par l'avantage d'être ſitué au milieu de deux grandes & belles fontaines, jettant des gerbes d'eau à une très-grande élévation, d'où elles ſe précipitent dans un vaſte réservoir de granit. Ces eaux naturellement limpides font bien plus belles à voir, lorfque, frappées des rayons du foleil, elles offrent aux fpectateurs des couleurs variées à l'infini. Loin delà, & aux côtés de la baluftrade avant d'arriver à l'Eglife, font les ftatues de S. Pierre & S. Paul, qui femblent garder à droite & à gauche les côtés de l'avenue ; delà on monte infenfiblement par un pavé large & uni au portique de l'Eglife, dont cent colonnes de deux braffes de groffeur ornent la façade. Lorfqu'on eft dans le portique, on eft étonné de voir les bas-reliefs & les peintures dont l'intérieur eft décoré. Les extrêmités font ornées par les ftatues équeftres de Conftantin & de Charlemagne. La nobleffe de leur maintien imprime le refpect dû à ces lieux, & paroît exprimer la douce fatisfaction qu'ils ont d'avoir contribué à leur décoration. Tant de beautés y font raffemblées, qu'un étranger étant venu vifiter ce temple s'arrêta dans ce premier édifice, croyant qu'il n'y avoit rien de plus beau à voir. Revenu chez lui, on lui demanda ce qu'il pensoit de l'églife S. Pierre. Il répondit que le feul défaut qu'il y avoit remarqué, étoit qu'il n'y avoit point vu de Chapelle. Mais quelle eût été fa furprife, s'il eût vu l'intérieur de l'Eglife, où il y en a trente, ayant chacune fa coupole & fa nef? Cinq grandes portes de bronze ouvrent l'entrée de cette premiere Bafilique du monde, où fe trouve réuni tout ce que les arts & la nature peuvent produire de précieux. Ce fuperbe vaiffeau, divifé en trois grandes nefs, préfente un tout le plus régulier & le plus magnifique qu'on puiffe voir. Il a 840 palmes de longueur, 648 de largeur, & 225 de hauteur. Les pilaftres rangés aux côtés de la nef du milieu, font chargées de figures, de médaillons en marbre & de buftes jufques au haut de la voûte, qui eft de ftuc doré. Les grands arcs qui les tiennent & les féparent en même-temps, rempliffent la vue d'étonnement. Dans les premiers pilaftres qu'on voit en entrant par la porte du milieu, font deux médaillons dans lefquels eft une Colombe tenant dans son bec un rameau. Ces médaillons semblent de loin toucher le pavé ; mais lorsqu'on les approche, on les voit élevés de dix pieds. Il en est de même de deux Anges qui tiennent un vase de marbre blanc rempli d'eau bénite, qu'ils offrent avec grace; on les prendroit d'abord pour des enfans de deux ans, mais lorsqu'on les examine de près, ils sont d'une hauteur & d'une grosseur plus qu'humaines. Au premier pas, tout paroît d'une moyenne étendue : à mesure qu'on avance, tout s'enfle, tout grossit, tout est colossal, & rien n'en a l'air. L'autel où reposent les corps de S. Pierre & de S. Paul, est aux deux tiers de la grande nef ; il est couvert d'un grand baldaquin de métal de Corinthe, soutenu par quatre colonnes torses de bronze doré. Les Anges qui paroissent se jouer dans les feuillages de ces colonnes, & ceux qui sont sur le baldaquin, tenant la thiare, sont de métal de Corinthe & d'une grosseur prodigieuse, quoiqu'ils ne le paroissent pas. Cent lampes d'argent au milieu des cornes d'abondance en feuilles dorées, couvrent la baluſtrade preſqu'ovale de l'autel, ſous lequel ſont ces deux grands Apôtres. Ces lampes brûlant toujours devant ce précieux dépôt, éclairent la beauté des marbres, des pierres précieuſes & des colonnes d'albâtre dont il eſt revêtu; tout eſt d'une magnificence incroyable. Si on leve les yeux ſur le haut de la voûte, c'eſt-là que l'architecture offre ſon chef-d'œuvre plus éclatant. Vous voyez une grande coupole de cent palmes de diametre, haute de cinq cents juſqu'à la lanterne, & de cent juſqu'à la boule qui en a douze de diametre, appuyer ſa maſſe énorme ſur quatre piliers de pierre. Plus avant, & au fond de l'Egliſe, eſt la Chaire de ſaint Pierre; revêtue de bronze doré, que les quatre Docteurs de l'Egliſe en figure coloſſale de métal de Corinthe ſoutiennent avec les doigts. A ſes côtés ſont les ſtatues de deux Papes célebres, de même métal, en ayant chacune à leur piédeſtal une de marbre blanc extrêmement poli, & ſi bien ſculpté qu'on les prendroit pour des figures vivantes. Derriere la Chaire on remarque un grand rayon de gloire, autour duquel est une multitude d'Anges dorés, qui expriment divers sentimens d'admiration & d'extase. Chaque Chapelle a un grand tableau de mosaïque, & deux grosses colonnes, les unes cannelées, les autres unies, qui touchent le pavé & la voûte. Elles sont de granit, de porphyre jaune antique, & de marbre de diverses couleurs. Dans le moment où j'observois les autres monumens dont elles sont décorées, & qu'il seroit trop long de détailler, le Pape est entré dans l'Eglise avec son cortége ordinaire, le Majordome, le Porte-croix & vingt gardes qui le précédoient. Après s'être mis en priere dans les Chapelles du Saint-Sacrement & de la Vierge, il a passé devant la statue de bronze de S. Pierre, qu'il a honorée, courbant pendant quelques minutes sa tête devant elle. Il a été ensuite à l'autel où repose le corps de cet Apôtre, devant lequel il s'est prosterné près d'un demi-quart-d'heure. Ce Souverain Pontife est d'une figure noble & majestueuse ; on distingue en lui une éminente piété, qui brille sur-tout dans les exercices publics de la Religion. Au sortir de l'Eglise il est monté dans un carrosse à six chevaux ; il étoit suivi d'un autre également attelé ; il avoit aux côtés de sa voiture une compagnie de gardes à pied, & au-devant une de chevaux-légers : le Porte-croix monté sur une mule blanche en surplis & long collet, marchoit au-devant de Sa Sainteté, dont la petite course s'est terminée à la porte Saint-Ange. Je partageai avec la multitude ses bénédictions, que chacun recevoit agenouillé.

Vous aurez part aux mêmes graces, lorsque dans les grands jours de solemnité, ce Pontife la donne du haut du portique de S. Pierre, aux quatre coins du monde. En attendant, je souhaite que Dieu vous comble des siennes.

Je suis, &c.

LETTRE XXV.

De Rome, le 2 Février 1777.

M.

LES cérémonies de la Religion ayant été en vénération chez les peuples les moins policés, je crois qu'il n'eſt pas hors de propos de vous parler de la majeſté de celles que j'ai vu pratiquer aujourd'hui dans la Chapelle Sixtine, à l'occaſion de la bénédiction des Cierges. Le Pape en mitre blanche, revêtu d'une chape couleur de pourpre, le Connétable Colonne, cordon rouge, en habit noir & collet blanc, vingt-deux Cardinaux, dont cinq en chapes violettes & les autres en chaſubles de la même couleur ; pluſieurs Evêques & Archevêques, des Prélats, des Généraux d'Ordre, des Procureurs

Généraux, des Caudataires, & autres composans le sacré Collége, ont assisté à la Messe célébrée par le Cardinal Marefoschi, ayant pour Diacre, sous-Diacre & Prêtres assistans, trois Chanoines de S. Pierre, un de sainte Marie-majeure, & un de S. Jean-de-Latran. Dans le temps que le Célébrant procédoit à la bénédiction des cierges, le Pape assis sur son trône a donné à baiser aux Cardinaux sa main enveloppée de la chape, aux Evêques le genou, & aux autres sa pantoufle. Les prieres de la bénédiction étant finies, le Cardinal Vicaire a présenté à Sa Sainteté un cierge de trois ou quatre livres, peint de diverses couleurs ; puis le Pape en a donné aux deux Cardinaux Rezzonico qu'il avoit à ses côtés, & ensuite aux autres Cardinaux, tous le recevant sans se mettre à genoux, mais baisant premierement le milieu du cierge, ensuite la main découverte du saint Pere; les Evêques non Cardinaux recevoient le cierge agenouillés, après avoir baisé son genou. Les Prélats, les Généraux d'Ordres composant l'assemblée du sacré Collége, l'ont reçu à genoux, & ont baisé sa pantoufle avant de se relever. La distribution des Cierges ayant duré une heure, le Pape porté dans un fauteuil par douze hommes vêtus de simares rouges, huit Clercs portant le dais ou baldaquin qui couvroit sa tête, a fait ainsi la procession dans la Chapelle Sixtine, tenant son cierge dans les mains, suivi immédiatement du Connétable Colonne, des Cardinaux, &c. Il a gardé sa mitre jaune jusqu'au *Sanctus*; il s'est levé ensuite pour aller s'agenouiller sur le reposoir qui est au milieu de l'autel, & est revenu après l'Elévation à son trône, se tenant droit, le visage vers l'autel, sans mitre, mais gardant sa calotte blanche. La communion du Prêtre étant finie, il a reçu debout, ayant la mitre sur la tête, la paix du Cardinal Vicaire, qu'il a donnée aux deux Cardinaux qu'il avoit à ses côtés; ceux-ci l'ont portée aux autres. Les Evêques l'ont reçue du Cardinal célébrant par un Evêque qui avoit été la chercher. La Messe finie, le Pape après avoir dit quelques oraifons, a donné fa bénédiction, & a accordé des indulgences d'une grande étendue à ceux qui étoient préfens à la cérémonie.

Si le coup-d'œil étoit beau dans la Chapelle ou étoient tant d'illuftres Perfonnages, & où la pourpre montroit tout fon éclat, il l'étoit bien davantage lorfqu'en détournant fon attention on jettoit les ieux fur le grand tableau qui repréfente le Jugement dernier, & qui paffe pour un chef-d'œuvre de l'art. Les pauvres malheureux fur qui tombe la condamnation, ont des expreffions fi naturelles de repentir, de douleur, de défefpoir, qu'on pourroit efpérer qu'ils vont fléchir la colere du fouverain Juge, fi on ne favoit pas que fes jugemens font irrévocables.

Je fuis, &c.

LETTRE XXVI.

LETTRE XXVI.

M.

IL étoit réservé aux Romains, à cette nation féroce dans son origine, qui se rendit la maîtresse des autres peuples par ses armes, de les asservir encore aujourd'hui par des instrumens plus humains, & de forcer leur reconnoissance par sa merveilleuse adresse à enchaîner les arts & la nature. Il lui falloit ce second domaine pour être dédommagée du premier qu'elle avoit perdu ; aussi le conserve-t-elle avec soin pour les occasions où le luxe veut se produire au-dehors. Je ne mets pas sur le rang ces grands jours consacrés à la religion, dans lesquels l'Eglise étale ce qu'elle a de plus précieux en ornemens & en riches décorations, lorsque le Souverain Pontife exerce les cérémonies publiques de son ministere sacré. Je ne dis rien de ses thiares enrichies de pierreries, de la vaisselle en or qui couvre une table de cinquante couverts lorsque le Jeudi-Saint il donne à manger à ses Cardinaux; de ces superbes fêtes qu'on appelle *Infioche*; de la richesse des parures & des équipages qu'on voit lorsqu'il va en triomphe du Vatican au Capitole, suivi des Princes de sa cour nombreuse, menant avec elle un train proportionné à son rang & à sa dignité. Je ne parlerai pas de cette pompe majestueuse avec laquelle est offerte la haquenée que le Roi de Naples lui envoie tous les ans, ni du jour que cet animal, couvert d'une étoffe précieuse & accompagné d'une multitude de carrosses richement ornés, est conduit jusqu'à l'intérieur de l'Eglise, où il s'arrête fléchissant le genou devant le Pape, qui, porté par douze hommes dans un fauteuil vient recevoir l'hommage accoutumé. C'est dans des feux allumés & préparés avec art la veille des grands jours, que brille le génie de cette nation souveraine. Le dôme de S. Pierre, couvert de lampions divisés en zones grandes & petites; des ressorts secrets communiquant en une minute la lumiere à toutes ses parties; les feux d'artifice du château Saint-Ange conservant une demi-heure leur activité; des gerbes de feu jettant au commencement & à la fin un millier de fusées & de figures, dont une partie va se perdre dans les nues, & l'autre dans les eaux du Tibre qu'elles paroissent enflammer, sont bien des preuves de son heureuse fécondité. Qu'il est beau ce spectacle, que la sombre nuit, naturellement ennemie des lumieres, vient rendre encore plus sensible par l'épaisseur de son obscurité, sur-tout lorsque la nature & l'art se prêtent un mutuel secours pour donner plus d'éclat au tribut du zele & de la piété!

Tout est réglé dans cette ville, jusqu'aux plaisirs publics; on n'y voit point ce luxe indécent qui corrompt les mœurs. Dans les occasions où il se donne plus de liberté, comme dans les temps des Bacchanales, il a un je ne fais quoi de fimple dans le fafte qui l'accompagne, & dans le fracas qui marche à fa fuite. Huit jours avant les Cendres, s'ouvre la fcene des plaifirs bruyants : la cloche du Capitole donne le fignal à deux heures après midi. Alors les Mafques très-finguliérement habillés fe promenent dans les rues à pied, à cheval, & en carroffe; leur courfe vagabonde eft terminée un quart-d'heure avant la nuit par une autre courfe de dix à douze chevaux barbes. Le moment du départ de ces animaux fougueux, rangés derriere la corde, attendant avec impatience la liberté de courir au but, voyant de loin le Baricelli arriver à eux, ils fe trémouffent & s'agitent comme pour demander à ce Cavalier, fuperbement monté, de les délivrer de la gêne & de la contrainte : lorfque cet Officier leve la canne pour qu'on baiffe la corde, ils partent comme des éclairs, & vont finir leur courfe au bout de la grande rue, où le premier arrivé remporte le prix. Cet exercice fe répète pendant les huit jours, hors le Vendredi & le Dimanche. On fe rend à dix heures du foir aux falles de fpectacles, dont l'immenfité furpaffe tout ce qu'on voit ailleurs. La répréfentation des Piéces dure ordinairement quatre heures. Les Acteurs font des jeunes gens traveftis, qui jouent tous les rôles, dans lefquels on n'a pas à craindre le danger des indécences. C'eft le feul temps de l'année où ces falles de fpectacles foient ouvertes. On évalue les dépenfes qu'on fait dans la ville pour les mafcarades, les loyers de chambres, ceux des fenêtres, des voitures, &c. à cent mille écus Romains. Celle de la courfe des chevaux monte à quatre-vingts écus, que payent les Juifs pour s'affranchir de l'obligation où ils étoient de faire cette courfe publique.

Le temps confacré à la pénitence étant arrivé, les jeux & les exercices publics ceffent. On n'entend pas en Carême chanter dans les rues des airs gais & libres. Le peuple fi naturellement porté au chant, fe fait une loi de s'en abftenir avec tant de févérité, qu'on le croiroit fans voix, fi on ne l'entendoit dans les Eglises & dans les Oratoires chanter de toutes ses forces. Telle est la sagesse d'un bon gouvernement. Qu'elle rend l'homme heureux dans ses privations comme dans ses jouissances, & laisse dans la sage économie de son administration un beau modele à imiter !

Je suis, &c.

LETTRE XXVII.

A Rome, le 26 Mars 1777.

M.

Les cérémonies que j'ai vu exercer la Semaine-Sainte, dans la chapelle Sixtine, étoient augustes & édifiantes: le Pape revêtu d'une aube & couvert d'une mytre blanche, lava, le Jeudi-saint, les pieds de douze Prêtres, nommés *Apôtres*. Ayant repris ses habits ordinaires il fut à la salle, où on servit le repas préparé pour ces douze Prêtres, qui portoient un bonnet blanchâtre, dont l'extrêmité pendoit derriere les épaules : il les trouva assis, chacun se félicitant de jouir de la précieuse médaille qu'il avoit fait mettre sous leurs assiettes, & de l'agréable odeur des bouquets mis à côté de leurs couverts : le Pape ayant servi la soupe & plusieurs plats de poissons, s'est retiré dès qu'un convive de la nation grecque a bu à sa santé. On chanta le lendemain le *Miserere* dans la chapélle Sixtine. Jamais la nature ne fut plus plaintive ni plus sensible ; l'accord parfait de quatorze voix qui chantoient ce Pseaume, étoit d'une douce mélodie que les amateurs étrangers n'ont su imiter. Le jour de Pâques je vis arriver à l'église de S. Pierre le souverain Pontife porté sur un fauteuil par douze hommes : on le déposa près de son trône, où il fut revêtu des ornemens pontificaux ; il célébra la Messe. Il ne se tourne point vers le peuple ni avant les Oraisons ni avant la Préface, comme font les Evêques & les Prêtres ; il éleve à droite & à gauche les dons qu'il vient de consacrer. Lorsqu'il a récité les prieres de la Communion, il va à son trône où on lui porte l'Hostie qu'il a consacrée, & qu'il consomme se tenant debout, après avoir fléchi le genou : on lui offre ensuite le calice, & il boit en suçant avec un chalumeau d'or. Il laissa quelques gouttes du don sanctifié à l'Auditeur de Rote qui fut les boire à l'autel. Le Connétable Colonne lui ayant présenté de l'eau pour laver ses mains, il est revenu à l'autel finir la Messe. Aussi-tôt il fut porté près d'une croisée du portique qui domine la place de S. Pierre; & de ce lieu élevé, il a donné deux fois la bénédiction, & a accordé des indulgences. Les coups de canon tirés du château Saint-Ange & la simphonie des troupes de guerre rangées sur la place, ont exprimé la reconnoissance du peuple & la grandeur de cette cérémonie.

Je suis, &c.

LETTRE XXVIII.

De Rome, en Avril 1777.

M.

LES mœurs ont des nuances si variées, qu'il n'est gueres possible d'en avoir des modeles exactement vrais. Mais comme tout le monde prend plaisir à s'en instruire, je vais à tout hasard vous dire ce que j'ai reconnu chez le peuple avec lequel je vis.

Le vrai Romain est très-attaché au Pontife ; il est bon ami, mais lent à se communiquer : son maintien grave marque un homme réfléchi, & paroît donner un plus grand prix aux saillies de son esprit vif & pénétrant. Il recherche avec empressement les Nouvelles politiques, & celles qui concernent les querelles ou les guerres des Souverains ; on voit leur ancien goût retracé dans cette curiosité. Cependant l'humeur du peuple est pacifique ; & l'étranger ne peut que louer sa civilité. Le seul quartier où cette qualité se fait moins remarquer, c'est à Trastevere : l'idée que les habitans ont d'être les vrais descendans des anciens Romains, qui renverserent les trônes, & firent trembler les Nations, leur donne un caractere de fierté que de légers prétextes rendroient féroces, si une police surveillante ne savoit les contenir dans le devoir.

La seule chose dont le Gouvernement, avec toute son attention, ne peut arrêter le cours, c'est la barbare manie des Plébéïens, d'assouvir leur haine avec le couteau. J'en ai vu quatre s'attaquer en plein jour au milieu des places publiques, & se frapper plus cruellement à mesure que le sang ruisseloit des membres blessés : ces horribles scenes sont fréquentes ; & quoiqu'elles soient propres à inspirer le dégoût & l'effroi, on voit les enfans badiner, s'exercer avec ce fer homicide, comme pour apprendre de bonne heure à le rendre plus meurtrier, lorsqu'ils seront parvenus à l'âge de puberté. Les liqueurs spiritueuses dont s'abreuve la populace, à cause de leur bas prix, sont, pour ainsi dire, le ferment de ses disputes ; & on sait qu'un sang exalté est susceptible des moindres impressions. La tasse de café ne coûte qu'une baïoque & demie, c'est-à-dire, six liards de notre monnoie. Ce bon marché engage le manœuvre & l'artisan à le prendre tous les matins dans les lieux publics ; c'est un préliminaire au travail qui doit les occuper dans la journée. Le pain est toujours fixé à un bas prix : les autres alimens, tels que le poisson, légumes, œufs, &c., n'y sont pas vendus plus cher que dans les autres grandes villes. Le prix de toutes ces denrées, exposées en vente à la place Navonne, est fixé par le Prélat chargé de la police. Dès que les acheteurs ont épuisé les provisions du marché, il se dissout, & chacun se retire chargé des objets qu'il a désiré ; mais alors il est permis de les vendre à un prix au-dessus du premier : ce commerce se fait par les hommes, on ne voit pas les femmes s'en occuper en public.

Les Romains montrent beaucoup de zele dans l'obfervation de la Religion catholique. On les entend le foir chanter les Litanies de la fainte Vierge, aux pieds des Oratoires placés aux coins des rues. Le son de la cloche les avertit à huit heures du foir de prier pour les morts.

Les Curés de la ville envoient le Dimanche dans les différens quartiers des Eccléfiaftiques vêtus en cérémonie, précédés d'une croix & d'un Porte-clochette, qui avertit les jeunes-gens de fe rendre à l'inftruction qui doit être faite dans leur églife. Les jeunes demoifelles difpofées à s'enfermer pour la vie dans le cloître, font dans l'ufage de fortir du couvent quatre Dimanches avant de fe vouer à la clôture, & vont fe promener dans les lieux les plus fréquentés, ornées de ce que la parure a de plus recherché. Le temps expiré, elles rentrent dans leur couvent pour s'y revêtir des habits conformes à l'inftitut, & pour n'en plus fortir. J'en ai vu plusieurs se promener dans le jardin de Salluste, qui appartient maintenant au prince Ludovisi : ce lieu favorisoit leurs profondes méditations ; des statues de pierre & de marbre en bornoient les allées qui sont à perte de vue. Les urnes de marbre & les bustes des Empereurs placés dans les compartimens, les chênes, les ifs, les platanes, les rangées de thim & de lauriers qui séparoient les forêts d'avec les bosquets, formoient un ensemble délicieux : au sortir de ce vaste jardin, je rentrai dans la ville par la porte Salarca, où l'on me fit remarquer la pierre sur laquelle le grand Bélisaire étoit assis ; on y lit encore ces paroles : *Date obolum Belisario*, donnez une obole à Bélisaire. Cette inscription, en rappellant le triste sort du Général de Justinien, montre bien le vuide des grandeurs humaines.

Je suis, &c.

LETTRE XXIX.

De Rome, le 5 Avril 1777.

M.

J'Ai vu tant de Mosaïques, que je voudrois vous écrire en ce genre pour réparer par cette nouveauté le temps que vous perdez à me lire : mais comme l'exécution seroit beaucoup plus difficile que le projet, je me bornerai à vous tracer seulement la maniere dont on les travaille, afin que vous trouviez dans ce modele idéal un sujet d'amusement qui supplée à l'impuissance de ma volonté.

Dans l'attelier est une large & longue table de marbre, à compartimens creux, dont on remplit les cavités d'un mastic fait avec de la chaux vive, de la poudre de Pierreponce, de celles de différens marbres & d'huile de lin, dans des proportions connues. On applique sur ce maſtic diverſes pierres de moſaïque, qu'on taille avec un marteau tranchant ſur une enclume également tranchante ; on en réduit les parties à la petiteſſe qu'on veut, puis on les arrange ſur le maſtic fraîchement compoſé, qui dans peu de temps ne fait qu'un ſeul & même corps avec la pierre à laquelle il eſt uni, & devient auſſi dur qu'elle. Ces pierres diverſement colorées ſont compoſées de matieres, cuites dans deux fourneaux dont les orifices ont environ un pied de circonférence ; l'un cuit les matériaux qui compoſent le maſtic, l'autre la matiere vitrifiée ; lorſqu'elles le ſont aſſez, on en tire la matiere fondue avec une cuillere de fer qu'on verſe ſur une plaque aſſez voiſine. Ces matieres mêlées enſemble & applaties ſont enſuite jettées dans un petit four ardent placé au-deſſus des deux premiers ; on les fait cuire pendant quelques minutes, puis on les tire pour les mettre dans un lieu froid. J'ai vu le magaſin qui contient ces petites pierres diversement colorées, dont le nombre va à douze mille ; elles sont placées suivant leur couleur dans des cases numérotées. L'Artiste qui s'en veut servir choisit commodément celle qui convient le mieux à son dessein. Les tableaux qui en sont composés sont aussi précieux par la qualité, que par la longueur du travail qu'exige l'arrangement des petites parties qui constituent un tout si varié.

Les ouvriers habitués à cet Ouvrage peuvent être comparés à ceux qui travaillent aux manufactures des Gobelins ; lorsqu'ils ont un tableau à exécuter, ils prennent sur voile noir, avec un crayon de craie blanche, les traits de toutes les parties qui composent le tableau : ensuite ils posent le voile sur le mastic, & après avoir fait tomber avec un linge fin les traits, qui ne sont que la poussière de la craie blanche qui s'attache au mastic, & du crayon avec lequel il a été tracé, ils forment avec une pointe sur le mastic qui doit guider l'Ouvrier, les mêmes traits, qui pourroient s'effacer. Quand l'ouvrage est terminé, on polit le tout, qui devient luftré comme un très-beau marbre, ou comme un tableau très-vernis. La belle mofaïque du tableau de fainte Petronille, par le Goarchin, eft la preuve de ce que j'avance.

Je renvoie le récit des autres objets qui décorent & enrichiffent Rome à mon paffage dans cette ville en revenant de Jérufalem. Je me propofe de partir demain pour Venife, qui fera le point fixe d'où je m'acheminerai vers la Paleftine. L'accueil favorable que j'ai reçu du S. Pere, qui par deux fois m'a demandé une Meffe aux S. Sépulche, & l'impofition de fes mains ne peuvent qu'augmenter le défir que j'ai d'entreprendre ce voyage. S. S. m'a même accordé une Bulle de prolongation de fept jours pour le Jubilé de S. Bertrand, qui ne duroit que deux fois vingt-quatre heures. Adieu.

Je fuis, &c.

LETTRE XXX.

De Florence, Capitale de Toscane, le 10 Avril 1777.

M.

L'ESPÉRANCE de revoir Rome a diminué les regrets que j'ai eus de la quitter. J'ai dîné le 6 de ce mois au petit bourg de Monterosi. Je suis entré ensuite dans la plaine de Ronciglio, que j'ai trouvé couverte d'une riche moisson ; les côteaux qui la bordent sont hérissés de forêts de chênes & de sapins. Des lacs, qu'on dit être fort poissonneux, se font remarquer dans une étendue que termine une montagne très-élevée : la neige qui la couvroit nous a fort embarrassés. On va ensuite à Viterbe, une des principales villes de la Romanie ; les édifices en sont fort beaux, & les rues bien pavées; on y voit quatre jolies Places, qui ont chacune un jet d'eau. Cette ville est murée dans sa circonférence; elle renferme le corps de Ste Roze possédé par les Religieuses du même nom.

J'ai passé le 7 à Montefiascone, où finit la plaine de Viterbe qui a dix milles de longueur (1), delà à Bolsene, où l'on voit des plaines, beaucoup de forêts, & un lac qui a environ trois milles de large & dix de long; c'est près delà que les Romains, sous la conduite de Marcellus, défirent les Sarrasins. On dit que les anciens débris d'un arc-de-triomphe dressé dans ce lieu, rappellent à la postérité ce grand événement. Delà on va à

---

(1) Ce bourg fameux par la bonté de ses vins, y attira un voyageur, qui y laissa la vie à force d'en boire : avant sa mort il légua à l'église où il seroit enterré des fonds considérables, & chargea par son testament les légataires de verser annuellement sur son tombeau un baril de vin : sa volonté fut exécutée quelque temps, mais aujourd'hui on donne aux pauvres le vin qu'on devoit y verser.

S. Lorenzo Allegroté, bourg contigu à une monticule remarquable par la multitude de grottes dont il est pour ainsi dire couvert : après avoir long-temps monté, on descend dans une jolie plaine qui est encore du Domaine Ecclésiastique. J'ai passé le 3 à Rédicofani, lieu extrêmement élevé, faisant partie du Mont-Appennin ; l'espace qui se trouve entre ces deux endroits est mêlé de ravins, de monticules, & quelque terrein cultivé. L'étranger y trouve des jeunes gens de tout sexe rassemblés, qui attendent impatiemment l'arrivée de quelqu'un pour l'accompagner au son des instrumens jusqu'à l'auberge, assez éloignée de là, en mélant des chants agréables à leur symphonie champêtre. Nous eûmes beau les engager à s'épargner la peine de nous suivre, ils nous escorterent jusqu'à notre descente de la voiture ; ils sembloient être postés par la nature pour donner à ce lieu triste & fort isolé les agrémens qu'elle lui a refusés. La partie de la Toscane qu'on trouve en sortant de cet endroit, est bien inférieure en beautés & en fertilité aux autres parties de cette province ; on n'y voit que des monticules & des collines entre-coupées de petits vallons. S. Quirico & Torrinieri, petits bourgs qui sont sur la route, ne se remarquent que par un terrein couvert d'oliviers & de vignes. Bonconventu où j'ai passé le 9 flatte plus la vue que ces deux autres, par la variété de ses plantations & par la supériorité de la culture. Plus on pénétre dans ce pays, plus il paroît s'ouvrir ; mais il est toujours montueux jusqu'à Sienne. Cette ville très-jolie est bâtie sur une hauteur qui domine les petits vallons qui l'entourent : la population y est grande & s'accroît tous les jours par la liberté du commerce, & par la jouissance des droits de franchise, restes anciens de son état libre. Les rues sont pavées de larges pierres & de briques : une belle Place dont les quatre côtés sont en amphithéâtre, une grande tour quarrée, en briques, ayant une horloge à son milieu, & un clocher au sommet duquel est une statue qui d'en-bas paroît d'une moyenne grosseur, quoiqu'elle soit d'une grandeur colossale, méritent les regards de la curiosité. Assez près delà est le Palais des Médicis, également remarquable par sa solidité & par son étendue, il est voisin de la Cathédrale. Le frontispice de ce temple est un ouvrage de sculpture ancienne, qu'on trouve rarement ailleurs ; ses murs, tant en dedans qu'en dehors, sont tous de marbre blanc & noir, ainsi que les douze grands pilastres de la Nef. Dès l'entrée on voit la coupole qui est placée au milieu, ornée dans sa circonférence de petites colonnes de marbre ; le pavé composé de larges tables de marbre, montre un chef-d'œuvre de sculpture, & les objets représentés sur les différentes pierres font l'éloge du ciseau de l'Artiste. En général la beauté des édifices de cette ville, l'aménité de ses habitans, la salubrité de l'air qu'on y respire, & l'activité de son commerce, quoique modéré, en font un séjour très-agréable. Elle n'est éloignée de Florence que d'une petite journée ; les bourgs qui sont dans cet espace intermédiaire, ne méritent pas la peine d'être décrits : S. Caſſiano qui eſt le plus apparent n'offre rien de particulier. A deux milles avant d'arriver à la ville de Florence, paroît une plaine entremêlée de petits côteaux & de vallons couverts d'oliviers & de vignes : des maiſons joliment bâties, des châteaux ſitués de diſtance en diſtance, une allée de cyprès, longue d'un demi-mille, qui va juſqu'aux portes de la ville, préſente à peu près le même coup d'œil que la vue de Marſeille à l'endroit connu ſous le nom de *la Viſta*.

Florence renferme des Monumens précieux dans preſque tous les genres ; des belles rues, un pavé large & uni qui invite à y marcher, des ſtatues de marbre & de bronze répandues dans ſes différens quartiers, des jets d'eau, des promenades, & mille autres ornemens extérieurs la rendent ſi belle, que, ſans Rome, elle ſurpaſſeroit toutes les villes d'Italie. Le Palais du Grand-Duc y tient le premier rang ; il eſt magnifique & ſolidement bâti ; on y entre par une

Femme ARABE
et vue du Mont-Liban

une cour qui eſt un grand quarré long, au fond de laquelle eſt un périſtile remarquable par la nobleſſe de ſon architecture, par le réſervoir d'eau qu'il renferme, & dont la circonférence eſt ornée de ſtatues de marbre faites par les plus habiles Maîtres; celle de Moyſe entre autres eſt révêtue d'un manteau de porphyre. Aſſez près delà eſt un eſcalier voûté par lequel on va à un grand cirque qui ſert aux jeux, & qui eſt traverſé par une allée qui conduit au parc & à d'autres promenades : les appartemens du palais ſont très-beaux ; celui où le Prince donne audience aux Ambaſſadeurs a dans ſa ſimplicité une majeſté qui en impoſe : ſon plafond eſt en plâtre avec des bandes de bois doré & ſculpté qui le traverſent. Au ſecond étage eſt un large corridor orné d'un grand nombre de ſtatues de marbre, placées aux portes des appartemens : on voit à la droite de très-bons portraits, des tables, des pierres rares, & autres choſes précieuſes dont la collection eſt due aux Médicis. Il ſemble que ces êtres inanimés ne ſoient là que pour divertir l'ennui que pourroit causer l'attente de la personne qu'on va voir ; à la gauche sont d'autres beautés qui doivent leur existence aux soins du Prince régnant.

J'ai vu la superbe galerie des Médicis, & les chambres où sont renfermés les tableaux originaux des Peintres les plus fameux de l'univers. Il n'est pas possible de voir rien de plus précieux en ce genre : mais de tous ces portraits celui de Christiano Seyvint, Polonois, m'a fait le plus d'impression : le seul défaut que je lui ai trouvé, c'est de ne m'avoir pas dit lui-même pourquoi il ne parloit pas ; la vivacité de ses yeux, & de son teint, le font croire véritablement de chair vivante. La salle du trésor est remplie d'une infinité de choses qu'il seroit trop long de détailler ; j'ai distingué dans le nombre de ces curiosités une perle grosse comme une noix. Je passe sous silence trois longues salles ornées de statues de marbre, parmi lesquelles j'ai vu les bustes de Cicéron & de Catilina, &c. On ne peut comprendre comment la maison de Médicis a pu se procurer tant d'antiquités & de richesses. La chapelle de S. Laurent, où est leur sepulcre est une grande rotonde revêtue de différentes especes de marbres, de jaspes & de porphyres; les sépulcres sont de granit oriental, on y voit un groupe de statues de marbre fait par Michel-Ange; mais ce lieu gagneroit beaucoup à être éclairé; c'est bien dommage que l'obscurité qui y regne, absorbe une partie de ses beautés. Les autres temples de la ville, tels que l'Annonciade, la Cathédrale, les Eglises des Augustins & des Dominicains & autres sont moins des objets qui relévent sa splendeur, que des signes du zele pieux qui anime l'esprit des citoyens.

Le fleuve Arno partage cette ville en deux, & quatre ponts superbes en facilitent la communication; on passe sur un, dont les côtés ou parapets sont masqués par des boutiques de Joailliers : mais ce qui rend le séjour de la ville encore plus agréable, c'est la douceur du Gouvernement. On ne cesse de faire l'éloge du Grand-Duc régnant : il donne audience à tout le monde trois jours la semaine ; il écoute également & le pauvre & le riche ; il veut être instruit de tout, afin de corriger les abus. S'il y a des fêtes, des bals, & des jeux publics, il y va travesti sans que personne s'en doute, & voit par lui-même les abus qui méritent d'être corrigés. Dès-lors sans qu'on s'y attende, on voit paroître de nouveaux réglemens dictés par le discernement le plus éclairé, & par la plus saine politique ; il fait tout par lui-même : sa sévérité pour le maintien du bon ordre n'est jamais plus rigoureuse que dans les occasions où un Ministre infidele a pu trahir sa confiance. Il est rare de voir dans Florence des exécutions publiques ; un citoyen m'a assuré que depuis neuf ans personne n'avoit péri par le supplice ; l'étranger & le citoyen vont dans les rues le jour & la nuit sans courir le risque d'aucune mauvaise rencontre. Le capitaine du Guet rend tous les matins compte au Prince de la patrouille de la nuit : celui qui est tombé dans quelque délit est aussi-tôt mis en prison ; son procès est fait en trois jours ; il est élargi s'il est innocent, ou s'il est coupable d'un crime qui ne soit pas capital ; mais s'il y retombe une troisieme fois, il est entiérement banni des Etats du Prince. Dans les cas où le crime est énorme, le coupable est mis dans une prison, & on ne sait point ce qu'il devient ; cette justice secrete qui n'imprime point sur les familles le sceau du déshonneur, rend les malfaiteurs beaucoup plus craintifs , plus surveillans, & par conséquent plus sages.

Il n'est pas de lieu où la douane soit plus sévérement fidèle dans ses recherches qu'à Florence ; il est défendu aux étrangers de porter sur eux du tabac au-delà de la provision du jour, le Prince veut qu'on n'en prenne dans ses Etats que du sien ; j'en avois trois ou quatre onces dans une tabatiere que les commis saisirent , mais trois jours après , au moment de mon départ, elle me fut rendue avec la même provision.

Je suis , &c.

LETTRE XXXI.

De Bologne, le 13 Avril 1777.

M.

Personne ne sent mieux que le voyageur ce que peuvent les perspectives des divers paysages. Ici un côteau riant vient égayer ses yeux, là une colline stérile fixe ses réflexions sur la négligence des cultivateurs ; plus haut il entend ressonner le hautbois du pasteur, exprimant le plaisir de voir paître ses blanches génisses ; plus bas les échos des vallons rétentissent des cris perçans d'une bergere affligée de ne pouvoir retrouver l'agneau qui s'est égaré, ou qu'une bête féroce vient de lui enlever. Il seroit trop long de décrire ici les diverses manieres dont ce voyageur est affecté. Accoutumé à ces fréquentes alternatives, je vais toujours mon chemin sans être arrêté par ces impressions ; je trouve tour-à-tour des lieux gais, tristes, isolés, désagréables, charmans ; leur présence me réjouit, m'attriste ou m'enchante ; tout me sert d'aliment. Je viens de quitter Florence & ses environs délicieux pour entrer dans des pays presque sauvages & stériles. Passant à la Masquere, j'ai vu une vaste plaine appellée *la Moselle*, qui a dix-huit milles de longueur & trois mille de largeur. J'ai voyagé ensuite pendant quatre heures sur des montagnes, avant d'arriver à Scarricalanchino, qui dépend de l'Etat ecclésiastique. Il n'y avoit que des pasteurs fatigués de suivre leurs chevres occupées à chercher sur des côteaux pierreux des herbes éparses çà & là. Les vallées décharnées par des torrens nouvellement descendus, présentoient une face horrible ; notre voiture n'alloit pas assez vîte pour m'en faire éviter le triste aspect.

Je suis enfin arrivé à la ville de Bologne, dépendante du même Etat : elle est plus grande que Florence ; mais elle n'est pas aussi belle ni aussi agréable. Si elle peut prétendre à quelqu'avantage, ce ne peut être que par la beauté de ses portiques & par celle de ses Temples, tels que la cathédrale de S. Pierre, l'églife de S. Dominique, de S. Salvador & de fainte Pétrone, où l'on voit une belle Méridienne, précifément dans le genre de celle de l'Obfervatoire Royal de Paris. Les portiques fi commodes pour les Citoyens, qu'ils mettent à l'abri des injures du temps, s'étendent à plus d'un mille de la ville: le milieu des rues eft pour les voitures & pour les bêtes de fomme. Le nombre des habitans eft d'environ foixante-dix mille; le Pape y tient un Cardinal-Légat.

On voit au milieu de la grande Place une fontaine en bronze, de figure pyramidale, couronnée d'une grande ftatue de marbre. Au milieu des faces de cette pyramide font quatre Vierges de bronze, qui répandent l'eau par les mamelles: plus bas font des Dauphins qui la verfent par la bouche, & d'autres qui en jettent de tous côtés à environ deux toifes de hauteur. On voit encore dans la grande Place une groffe tour de briques d'environ cent quarante palmes de hauteur : elle eft fi inclinée, qu'on la croiroit près de fa chute : elle fe foutient ainfi, parce que la ligne verticale qui paffe par le centre de gravitation, ne fort point de la bafe de la tour. Mais ce qui eft plus admirable dans un autre genre, c'eft la fameufe Specola, où font les chofes les plus curieufes en ouvrages de cire : cette collection des travaux des Peintres Bolonois, repréfente des enfans, des hommes, des animaux de toute efpece, rendus fi bien au naturel, qu'on les croiroit tous de chair : il eft impoffible de voir rien de plus beau en ce genre.

La plaine qui entoure la ville eft très-vafte : elle eft couverte d'arbres & de vignes à hautes branches, fans que l'ombrage porte préjudice à la récolte du bled que l'on feme dans les intervalles des rangs : le terrain étant d'une qualité excellente, ce pays feroit bien plus fertile, fi le cultivateur avoit plus d'induſtrie & d'activité, & ſi ſa confiance dans la bonté du climat n'entretenoit ſa pareſſe & ſa nonchalance.

Je ſuis, &c.

LETTRE XXXII.

De Venife, le 25 Avril 1777.

M.

J'AI suivi, pour venir ici, la route ordinaire, après m'être embarqué à cinq heures du soir sur le canal de la *Villa*, qui a six lieues de longueur & plusieurs écluses en brique. Le cours de cette navigation s'est terminé à Ferrare, grande ville située dans la plaine de Bologne : sa population ne répond pas à son étendue ; on y compte environ quarante mille habitans ; le commerce y est moins actif qu'à Bologne. Ce qu'on y voit de plus remarquable, c'est la Cathédrale dont le vaisseau est le plus vaste que j'aie vu depuis Rome. Trois coupoles couvrent la nef principale, aux côtés de aquelle sont rangées douze arcades, dont six atteignent la hauteur de la voûte.

Le pays Ferrarois naturellement fertile est marécageux dans ses diverses parties, & perd beaucoup à ne pas être desséché : inconvénient qu'il seroit facile de détruire, en faisant des saignées à la terre, & pratiquant des canaux ou des fossés aboutissans à un canal principal qui en recevroit les écoulemens : il en résulteroit ce double avantage, que les eaux stagnantes augmentant le volume d'eau du grand canal, sur lequel va la barque du courrier, rendroient la navigation plus prompte & plus facile, & laisseroient aux terres toute leur fertilité. Ayant joint le port de Lago-Oscuro, je m'embarquai sur le Pô : ce fleuve, aussi beau que le Rhône, vient du Haut-Piémont, & se rend dans le golfe Adriatique. Ses eaux rapides m'ont conduit à Chiusi, appartenant à la République de Venise : la position de cette ville maritime vaut mieux que la forteresse qui défend son port, & lui donne la facilité de repousser les vaisseaux qui oseroient l'attaquer par mer ou par les lagunes. Près delà commence un mur de deux toises d'épaisseur, & d'environ cinq mille de longueur, contre lequel les flots de la mer viennent se briser : on travaille à le prolonger jusqu'auprès des murs de la ville de Palestrine. Cette ville située entre la mer & les lagunes, est peuplée de pêcheurs, & appartient à la République Vénitienne. A quelque distance delà, Venise se fait appercevoir par ses hauts clochers : un gros mur qui s'étend depuis Palestrine jusqu'à son port, sépare la mer des lagunes dans lesquelles cette ville est bâtie. Les lagunes vont jusqu'au pied des montagnes du Padouan : on y voit des maisons entourées de jardins & de parcs ; celle des Chartreux tient le premier rang. Le port qui sépare la mer des lagunes jusqu'à Malamoca, est partie d'argile & partie de pierre. Il a environ douze milles de longueur : on ne conçoit pas comment ces anciens Républicains ont pu faire un ouvrage si difficile & si dispendieux. L'aspect de Venise est beau : les tours, les coupoles, les vaiffeaux, les gondoles fendant les eaux qui l'environnent, préfentent le coup d'œil le plus agréable : elle paroît avoir environ trois milles de longueur. On me propofe de me mettre dans une gondole pour y entrer : je vous écrirai ce que j'y aurai remarqué de plus intéreffant.

Je fuis, &c.

LETTRE XXXIII.

De Venise, le 18 Avril 1777.

M.

DES pieux de bois enfoncés dans un tendre limon, font le fondement de cette ville, qui a six milles de circuit : la solidité de ses édifices est si grande, qu'il est presque sans exemple qu'aucun ait écroulé par sa base. Un si parfait méchanisme devenu le siége de la République, semble concourir, avec les sages loix qui la régissent, à son existence & à sa gloire : & tel est sa belle harmonie, que le moral & le physique se prêtent un mutuel secours pour exalter sa splendeur & l'effort de l'industrie humaine. Ce beau lieu, couvert autrefois de marais & d'eau, l'asyle de pauvres Pêcheurs, est dévenu la retraite d'environ deux cent mille hommes, parmi lesquels est un corps de douze cents nobles qui les gouvernent. Les Historiens sont partagés sur l'époque précise de sa fondation; ceux qui veulent lui donner la plus grande antiquité, disent que le fameux Antenor débarquant avec ses gens dans les Lagunes, jetta les premiers fondemens de la ville de Venise, & qu'ensuite suivant le cours du petit fleuve appellé Ladrinta, il bâtit celle de Padoue. D'autres soutiennent que dans le temps que les Goths saccageoient l'Italie, & qu'Attila y exerçoit ses cruautés, les peuples épouvantés voulant se soustraire à la pésanteur de son joug, se refugiérent en foule dans les Lagunes, déja habitées par des Pêcheurs, & donnerent naissance à la ville par les habitations qu'ils y construisirent. Ceux qui prétendent que Venise a eu le nom de Ville & de République au quatriéme siecle, se fondent sur une inscription qu'on lit sur une pierre de l'Église de Réalto, qui déclare sa construction faite à cette époque, & ils concluent qu'un beau temple prouvoit déja assez la réunion de plusieurs habitans. Mais ce qui est très-certain, c'est que le Gouvernement de Venise a commencé par les Consuls & les Tribuns, qu'il a duré plus de sept cents ans dans cet état ; que le peuple peu satisfait des débats qui s'élevoient entre ces Magistrats Plébéïens, élut un seul chef, qu'on appelloit Doge ; que ceux-ci par la suite abusant de leur autorité, furent tantôt chassés, tantôt mis à mort ; qu'après leur abolition on nomma encore des Consuls & des Tribuns, que le Gouvernement après eux devint démocratique, toutefois en limitant le pouvoir du Doge ; qu'enfin le Gouvernement passa au douzieme siecle, de la démocratie à l'aristocratie telle qu'elle existe aujourd'hui.

Le Doge, chef de cette suprématie, est comme un être purement passif : tout le pouvoir réside dans le Grand-Conseil ; il a pourtant la prééminence dans les assemblées, & un palais qui lui est affecté : il prend le titre de Prince Sérénissime ; il répond au nom de la République aux Ambassadeurs & aux Ministres des Princes étrangers, les monnoies font frappées à fon coin, & les Décrets publics font rendus en fon nom. Quoiqu'il n'ait pas l'autorité privée de terminer, ni d'arranger les affaires qui concernent l'Etat, il a néanmoins fes entrées libres au Grand Confeil, au Sénat, au Collége & au Confeil des Dix; il a encore le droit de veiller à ce que les autres Magiftrats rempliffent leur miniftere avec exactitude, & qu'ils rendent fcrupuleufement la juftice. Sa jurifdiction eft defpotique dans fon palais & dans fes dépendances; il nomme dans cette étendue des officiers, des écuyers, &c. à la folde du Public. Son élection eft à vie; pendant fon regne fes enfans & fes parens font exclus de toutes charges de la République. A fa mort les Confeillers & les chefs des Quarante vont occuper fon palais; ils affemblent le Grand-Confeil, qui nomme cinq adminiftrateurs du palais, & trois inquifiteurs pour examiner la conduite & les actions du défunt; puis on célebre avec la plus grande pompe fes funérailles, auxquelles les Sénateurs affiftent en robes de pourpte pour montrer que malgré la mort du Prince, le Gouvernement subsiste dans toute sa vigueur. On procéde ensuite à l'élection du nouveau Doge. Les cérémonies en sont si compliquées, que j'ai fort hésité à en parler dans cette lettre, afin de vous épargner l'ennui que leur récit pourroit vous causer. Le Grand-Conseil assemblé, on compte le nombre des Nobles qui ont passé l'âge de trente ans; il est quelquefois de neuf à douze cents. On met dans une urne autant de boules qu'il y a de Nobles: trente de ces boules sont d'or, & trente d'argent. Un des Conseillers & un Chef des quarante se transportent à l'église de S. Marc: le premier enfant qu'ils y trouvent âgé de douze ans, est conduit par eux à la salle de l'assemblée; il est appellé *balotin*. Cet enfant tire de l'urne une boule qu'il donne à chaque Noble, qui est appellé par son nom: les trente qui ont les boules d'or sont élus Doges. Aussi tôt que leur élection est publiée, leurs parens & alliés sortent de l'assemblée, & il n'y reste que les trente élus, tous devant être de différentes familles. Tel eſt l'ordre qui s'obſerve dans les élections ſuivantes.

De ces trente on en tire neuf au ſort, qui ſeuls en choiſiſſent quarante-un Nobles de cette maniere. Les cinq premiers, à qui la balle d'or eſt échue par le ſort, ont chacun le droit d'en élire cinq, & les quatre derniers d'en élire quatre chacun. Le Grand-Conſeil ſe raſſemble ; on publie la nouvelle des quarante-un, deſquels on tire douze au ſort, qui en choiſiſſent vingt-cinq en cette forme. Le premier des douze en nomme trois, les autres chacun deux. Le Grand-Conſeil s'aſſemble de nouveau ; on publie la nomination de vingt-cinq, d'entre leſquels on en tire neuf au haſard, qui en choiſiſſent cinq chacun ; ce qui fait en tout quarante-cinq. Ceux-ci, en préſence du Grand-Conſeil aſſemblé, demeurent ſeuls. Le ſort choiſit onze de ce nombre, qui deviennent électeurs de quarante-un de la maniere qui ſuit : les huit premiers en nomment quatre chacun, & les trois autres n'en nomment que trois ; ce qui fait quarante-un. La nomination de ces derniers devenue publique, ils font proclamés par le Grand Conseil assemblé pour les derniers électeurs du Doge. Les quarante-un ayant entendu la Messe du Saint-Esprit, & après avoir prêté serment, s'enferment dans un appartement du palais, & n'en sortent pas que leurs voix, au nombre de vingt-cinq, ne se soient réunies pour nommer le Doge. Dès que la nomination est faite, le nouveau Doge est porté avec sa famille dans une chaire ronde par des hommes qui le promenent autour de la place de Saint-Marc : il jette, pendant ce temps-là, de l'argent au peuple qui voudroit que les porteurs lui fissent faire le tour avec plus de lenteur. Il est obligé ce jour-là de consigner quatre-vingt mille écus qu'on garde en dépôt pour les dépenses de ses funérailles. Il porte aux jours de cérémonie une espece de couronne qui finit en cornet : deux larges dentelles pendantes couvrent ses oreilles ; il est revêtu d'un long manteau couleur de souci : ses épaules sont couvertes d'un rochet d'hermine, au milieu &

à l'extrémité duquel pendent des queues noires. Le Doge que j'ai vu s'appelle *Moſſenico* : il eſt âgé de ſoixante-treize ans, & d'une figure auſſi intéreſſante que reſpectable. Je vous ferai part d'ici à quelques jours des choſes qui me paroiſſent mériter quelqu'intérêt ; j'emploirai volontiers mes loiſirs à vous en entretenir. Je vous ſouhaite autant de patience à me lire que j'ai d'impatience à vous écrire. *La ſaluto-devota mente*, &c.

Je ſuis, &c.

LETTRE XXXIV.

De Venise, le 24 Avril 1777.

M.

CETTE ville offre un singulier spectacle par la variété des rues, des canaux, des ponts & des maisons bâties sur l'eau. Il y a peu de rues droites, elles semblent des labyrinthes ; il faut tourner presqu'à chaque pas : l'étranger s'y trouve si embarrassé de rencontrer le lieu où il veut aller, qu'il est obligé à chaque instant de demander le chemin qu'il faut prendre : cet inconvénient est moins sensible par la maniere honnête avec laquelle les citoyens donnent ces indications. Il n'y a dans Venise de grande place que celle de S. Marc, les autres sont petites. Celle des douze Apôtres est seulement remarquable par l'église de S. Jean & de S. Paul, & par la statue équestre de bronze du Général Corsini. Les maisons sont bien bâties ; les palais des Sénateurs sont d'une belle architecture ; les rues sont étroites ; on n'y voit ni chevaux ni carrosses ; dans la plupart deux personnes de front peuvent à peine s'y promener : les pavés en pierre de taille sont toujours très-propres. On trouve des ponts qui font communiquer les différens quartiers ; on en voit peu de bois : leur nombre se porte à environ quatre cent cinquante. On peut aller par eau dans des gondoles, si l'on craint le pavé. La distribution des canaux est aussi variée que celle des rues : en général les rues à canal sont plus longues, plus droites & plus larges : on va, par leur commodité, dans tous les quartiers & maisons de la ville ; le trajet est fixé à un bas prix. Un grand canal sépare Venise en deux : c'est sur ce canal qu'on voit le pont de Réalto, formé d'une seule arcade. Il a cent quatre-vingt-sept pieds de long & quarante-trois de large. Cet espace est couronné par vingt-quatre boutiques couvertes de plomb. On fait des jeux fur ce grand canal, qu'on appelle *La Reddulta*, en certains jours confacrés à la joie publique ; mais le plus beau fpectacle eft le jour fameux des Régates : on voit des gondoles richement parées par les foins de différens Seigneurs qui s'empreffent à l'envi de leur donner l'ornement le plus analogue à la folemnité de la fête qu'ils célebrent : un nombre infini de péotes élégamment décorés couvrent alors les lagunes & les canaux de la mer ; les Gondoliers intrépides impriment à cette multitude de petits bateaux des mouvemens oppofés, comme s'ils vouloient fe heurter mutuellement ; mais leur grande adreffe prévient tous les accidens, & on eft toujours étonné que ces petits vaiffeaux confondus pêle-mêle fe croifent rapidement dans toutes les directions fans s'effleurer.

Les plus beaux édifices font placés le long du grand canal : celui de Rezzonico fe fait diftinguer par la nobleffe de fon architecture, & par les colonnes qui font aux arcades de la façade. Le palais de Peffaro, qui eft au côté oppofé, paroît l'égaler en beauté ; on en voit plusieurs autres aussi très-beaux ; la plupart sont d'ordre Toscan & Ionique. On compte dans Venise soixante-douze quartiers & autant d'églises. Dans chaque quartier les maisons des Plébéïens sont bâties de briques & couvertes de tuiles : les cheminées paroissent sur les toits comme des colonnes d'environ dix pieds de hauteur. *Labuonasera*.

Je suis, &c.

LETTRE XXXV.

Venise, mois de Mai 1777.

De Venise, le 27 Avril 1777.

M.

CE qu'on m'avoit dit de l'arsenal de Venise a excité ma curiosité : je l'ai visité ce matin. Il est entouré des eaux de la mer, & fermé par un mur épais & élevé, qui a deux milles de circonférence, sur lequel sont de petites tours où se tiennent les sentinelles. Il a deux entrées assez contiguës : l'une est pour les vaisseaux qu'on veut caréner ou lancer à l'eau, l'autre pour les ouvriers ou les curieux. Ce lieu, qu'on peut regarder comme le rempart de la liberté, renferme dans son enceinte tout ce qu'il faut pour équiper en peu de temps une flotte de trente vaisseaux de ligne,

& pour armer au moins quarante mille hommes. Quinze cents ouvriers payés par la République travaillent tous les jours à construire des vaisseaux de tout rang, à faire toutes sortes de cordages, à fondre des canons, des boulets & des bombes, enfin à travailler à tout ce qui est du ressort de l'artillerie & de la marine. La dépense de la main-d'œuvre coûte annuellement à la République cinq cents mille ducats. Le premier carré long qu'on voit en entrant, couvert d'eau, contient de vieux vaisseaux de toute grandeur, qu'on garde pour modeles : à côté delà sont les différens chantiers où l'on construit les galeres, frégates, galéasses & autres vaisseaux : le second carré qui est plus vaste, contient de grands édifices dans lesquels reposent les gros vaisseaux nouvellement construits ; j'en ai compté seize de soixante canons. Les édifices qui sont au côté opposé renferment les mâts, les planches & le bois de construction. A la suite de ce rectangle, il y en a un troisieme de la même longueur, mais moins large : les côtés sont bordés de grandes cases où sont les mâts, cordages, affuts & fonderies des canons : dans le centre sont les bombes, les boulets, les canons, parmi lesquels j'en ai distingué un à sept boulets & un autre à trois. A un des côtés de ce carré, est le magasin d'armes, divisé en quatre longues & belles salles, où sont artistement rangés quarante mille fusils & autant de pistolets. On y voit les casques, les boucliers, l'armure des anciens Héros de la République, les trophées des victoires remportées sur les Turcs, des lanternes, des vaisseaux, des pistolets à la Turque & autres armes singulieres ; tout est rangé avec le plus grand ordre. Cinquante hommes sont payés pour tenir ces armes propres ; aussi sont-elles autant agréables par leur poli brillant, que précieuses par l'excellente qualité du fer travaillé à Brescia. Il y a dans un autre quartier de l'arsenal une salle où est le modele de tout ce qui est contenu dans ce vaste édifice. La citadelle même de Corfou y est représentée en relief : la ville de Cataro en Dalmatie, la machine qui sert à nettoyer les lagunes, ont aussi leurs modeles dans ce lieu. Cet ensemble est digne des regards attentifs de la curiosité. Je ne puis mieux vous peindre la beauté de cet arsenal, qu'en vous rapportant le mot d'un Général de Charles-Quint : J'aimerois mieux, disoit-il, avoir cet édifice que quatre villes d'Italie.

Au sortir delà, j'ai été à l'église des Grecs schismatiques, qui célébroient la Pâque. Au milieu du Sanctuaire, & sous un grand dais, est un cadre qui représente la Résurrection. Le Célébrant ayant encensé pendant le *Magnificat* cette image & les Prêtres, a fait le tour de la nef, encensant successivement les Fideles qui y étoient rangés. Leur chant, très-différent de celui des Latins, & naturellement musical, inspire la dévotion. Le cérémonial même qu'ils observent a je ne sais quoi d'auguste, qu'on voit avec plaisir. On distingue aujourd'hui parmi eux plusieurs sectes : les plus éclairées ne different de la Religion Catholique que dans les

ARABE en Prière.

rits & les cérémonies. Cependant on ne sauroit approuver les maximes de leurs Pasteurs dans ce qui regarde le fort interne, point des cas réservés chez eux. La vengeance meurtriere, défendue par les loix du Christianisme, est tolérée dans leur tribunal, & trop aisément excusée par les parens de celui qui a été tué ou maltraité. Quoiqu'on dise que la plupart d'entr'eux ne croient pas au Purgatoire, j'ai pourtant eu l'occasion de me convaincre qu'ils ont à cet égard la même croyance que les Latins. Ils font des prieres pour les morts; les Pasteurs suivent dans le Tribunal de la Pénitence les anciens Canons de l'Eglise, qui ordonnent la pénitence publique selon la gravité du délit. Les parens au septieme degré, ne peuvent se marier sans avoir obtenu la dispense de l'Evêque. Le temps me fournira peut-être l'occasion de traiter plus au long de leur liturgie. En attendant, je suis, &c.

LETTRE XXXVI.

De Venise, le 30 Avril 1777.

M.

Tout se passe ici dans la plus grande tranquillité : on n'est point incommodé par le bruit des tambours, ni effrayé par la livrée des gens de guerre : qu'on se promene dans les rues ou dans les places, on n'y voit pas un seul soldat en habit d'ordonnance ; tout est si bien réglé dans cette République, qu'elle est instruite dans le moment de ce qui s'y passe, par la vigilance active des espions multipliés qu'elle entretient à ses frais. Il est défendu aux Nobles de lier aucune espece de commerce avec les Ambassadeurs des Cours étrangeres ; ils sont punis s'ils ne déclarent pas le moment de leur entrevue avec eux : les surveillans inconnus font si attentifs, qu'il est rare de violer cette loi sans qu'ils s'en apperçoivent. Le Gouvernement est fort sévere envers ceux qui osent censurer l'administration. Le Corps de l'autorité réside dans le Conseil majeur, composé de douze cents Nobles, parmi lesquels on choisit les Sénateurs, qui sont au nombre de deux cents : de ceux-ci sortent les Provéditeurs, les Procurateurs, les six Conseillers du Doge, le Conseil des dix & les trois Inquisiteurs. Le Conseil des dix reste en place tant qu'il est agréable à la République : les trois Inquisiteurs sont changés de trois en trois mois ; ils ont le droit de vie & de mort. L'exercice de l'autorité réside plus en eux & dans le Conseil des dix, que dans le chef de la Suprématie. Il y a des Cours établies pour administrer la Justice civile & criminelle : ils sont quarante pour chacun ; c'est pour cette raison qu'on les appelle *Quarantie*. Il y a des Colléges de vingt, de dix, des Censeurs, des Conservateurs des Loix, des Inspecteurs d'Hôpitaux, des Monnoies, &

généralement tout ce qui concerne le Miniftere public & particulier. Le Peuple a un Repréfentant qu'on appelle *Secrétaire* ; mais fon autorité ne peut rien contre les décrets de la Nobleffe. Si un Noble tombe dans un délit grave, il eft puni par l'exil ou par une prifon perpétuelle, mais jamais par aucun fupplice ignominieux. Cette République peut fe vanter d'avoir dans fes Etats deux millions fix cent mille hommes, à qui la pêche, le commerce & la navigation donnent la vie en grande partie, & procurent beaucoup de numéraire ; mais il s'en faut bien qu'elle ait aujourd'hui l'opulence qu'elle avoit, lorfque fes flottes marchandes & guerrieres rapportoient, des pays prefqu'inconnus aux autres Nations, des richeffes immenfes, dont le précieux dépôt la rendoit floriffante, & la mettoit en état d'affifter dans le befoin celles qui réclamoient fon fecours. C'eft dans ce temps-là que le lion fendant les eaux fans relâche, s'engraiffoit de fes courfes lointaines, & trouvoit dans des efpaces immenfes des alimens variés plus que suffisans à sa subsistance ; mais la grandeur de sa fortune précipitoit sa chute par son propre poids : l'amour du repos, si naturel après de longues fatigues, lui inspira l'ambition de répandre les fruits de ses travaux sur la terre ferme. Les Particuliers acquirent des terres ; contents de trouver aux portes de leur Patrie un sol fertile, qui en occupant leurs loisirs leur servoit de délassement, ils en firent leurs délices, préférant les douceurs du repos aux pénibles jouissances qu'ils trouvoient sur l'élément liquide. La République elle-même enflée de sa prospérité, & tourmentée du désir des conquêtes, à l'exemple des autres Puissances, voulut avoir des Domaines, des Provinces, des îles ; tout cédoit à la rapidité de ses entreprises. Devenue maitresse de différens Etats, son esprit de commerce commença à se ralentir, & se perdit insensiblement dans le sein même de ses Domaines ; dès-lors le lion perdit sans retour sa force & son embonpoint. Cet événement est consacré par les Républicains eux-mêmes dans un monument inscrit sur le pavé de l'Eglise S. Marc. On y voit deux lions assez voisins l'un de l'autre, l'un qui est au milieu d'un lac, tenant dans sa gueule une branche d'olivier, est extrêmement gras; l'autre, qui est sur un éléphant & sur la terre-ferme, est très-maigre; c'est le symbole de l'Etat ancien & moderne de la République. On y voit pourtant fleurir aujourd'hui certaines parties de commerce, des vaisseaux nombreux chargés de diverses marchandises porter au Levant, & dans d'autres Contrées, des cargaisons considérables en étoffes & autres objets de consommation & de luxe. Elle a des correspondances, des Consuls établis dans les différentes Echelles du Levant, des Marins intrépides & éclairés; enfin une Marine qui, avec les restes du premier esprit de commerce, qui n'est pas encore éteint, & qu'on ranimeroit facilement parmi les individus, peut se flatter de se maintenir dans un état respectable. En effet, rien ne prouve mieux le penchant naturel de cette Nation pour le commerce, que le traité d'alliance qu'elle fait tous les ans avec la Mer, qui toute infidelle qu'elle eft peut lui reprocher à fon tour les anciens bienfaits de fa tendreffe, & l'ingrate préférence que cette Nation donne à un élément qui lui eft oppofé en nature & en productions. J'ai affifté à cette finguliere cérémonie, & je vous en donnerai la defcription dans ma premiere Lettre.

Je fuis, &c.

LETTRE XXXVII.

Venise, mois de Mai 1777.

Sur la cérémonie des Noces de la Mer.

M.

CETTE Noce que le plus léger vent dissiperoit dans le moment même de la cérémonie, est célébrée tous les ans avec pompe & magnificence. Le jour de l'Ascension, le Doge accompagné de plusieurs Sénateurs, du Patriarche, & de certains Membres du Chapitre de la Cathédrale, entre dans un grand vaisseau plat, chargé de figures en bas reliefs-dorés. Il est conduit par vingt-quatre rameurs, & suivi par un nombre infini de gondoles, de galiotes, & de barques. Le coup-d'œil que présente la mer couverte de bâtimens élégamment ornés, est le plus beau qu'on puisse désirer ; les canons tirés des forteresses

& des vaisseaux à trois mats, font un bruit effroyable. On voit ce fier vaisseau appellé le Buccentaure, couvert d'un velours cramoisi, se traîner lentement sur les eaux, dominant les autres par sa hauteur, & recevant leurs saluts & leurs hommages sans détourner sa proue altiere. Tel un tendre époux qu'un lien indissoluble va unir à une jeune beauté, honoré depuis la sortie de sa maison jusqu'à son arrivée dans le temple d'un cortége nombreux qui marche à sa suite ou à sa rencontre, passe tranquillement au milieu de la foule, ne donnant pour marque de sensibilité que le silence modeste du sentiment & de la reconnoissance.

Vingt-quatre rameurs conduisent ce superbe vaisseau près d'une petite île où est l'Eglise de S. Nicolas. Le Doge & sa suite y entendent la messe, chantée en musique & au son des instrumens ; il rentre ensuite dans le vaisseau, & va à Liddo jetter à la mer un anneau, en disant ces paroles : *Mer, je t'épouse en signe du domaine que j'ai sur toi.* Aussi-tôt le feu d'artillerie redouble ;

on se retire. Le jour de cette cérémonie, les péotes galamment ornées viennent à la suite; celle du marquis Spinola étoit couverte de taffetas à franges d'argent : le milieu étoit fait en forme de dais, sous lequel étoit ce Seigneur & d'autres personnes de qualité. La péote de l'Ambassadeur d'Espagne étoit belle ; celle du Duc de Glochester étoit fermée par un quarré de vitre couvert de velours. Il seroit trop long de parler des autres, qui toutes fixoient les regards des curieux.

Je suis, &c.

LETTRE XXXVIII.

En la même ville & même mois.

M.

LES petits bateaux plats qu'on appelle gondoles sont terminés en pointe ; le milieu est couvert les jours ordinaires d'un drap noir, sous lequel quatre personnes sont mollement assises, & sont fort à leur aise. On se sert nuit & jour de cet équipage pour faire des visites & pour aller aux îles voisines ; les trajets se font avec la plus grande rapidité, sans fatigue, à très-bon marché & bien plus commodément qu'avec les voitures. J'ai tenu une gondole presque toute une journée pour voir l'étendue de la ville & la beauté de ses édifices ; j'en ai été quitte pour quarante fous ; il y a des trajets d'une heure qui coutent fi peu qu'il ne vaut pas la peine d'en dire le prix.

J'ai été à l'île de Mouran voir faire *les tubes de verre & les glaces*; je m'enprefle de vous en faire part. Pour faire des petits tubes de cryftal de toutes couleurs, qu'on appelle ici cannes, un homme prend avec une tige de fer gros comme le poing d'une matiere cuite dans une fournaife ardente ; un fecond armé d'une baguette l'enfonce dans la matiere, & allant tous deux enfuite en fens oppofé le long d'un corridor, ils tirent à eux la matiere jufqu'à ce qu'elle foit devenue de la groffeur d'un tuyau de plume ; on en fait de différentes groffeurs. La République jaloufe de cette branche d'induftrie, ne veut point que le fecret paffe en d'autres mains; il eft défendu aux ouvriers de le révéler & de quitter fes Etats, fous peine de la vie. Elle en fait un grand commerce dans le Levant.

On a bien plus de peine à faire les grandes glaces. Mais je n'entrerai dans aucun détail fur ce procédé, parce qu'il eſt connu depuis long-temps en France.

Ainſi j'abandonne les glaces, dans leſquelles il m'eſt impoſſible de rencontrer votre image.

Je ſuis, &c.

LETTRE XXXIX.

De Padoue, le 10 Mai 1777.

M.

J'ai quitté Venise pour trois ou quatre jours que je viens passer dans cette ville, dont les fondemens, selon les Poëtes Latins, ont été jettés par Antenor. On y vient par le canal de la Drenta, qui a seize milles de longueur. Ses bords au milieu de la plus agréable plaine sont ornés par intervalle de jolies maisons & d'hôtelleries. Le palais Pisani offre dans sa façade & ses contours une perspective charmante, variée par des allées & des parterres en amphithéâtre; la porte du grand jardin est un arc soutenu par de belles colonnes, sur lesquelles est une galerie où l'on va respirer le frais. Les marches de l'efcalier qui y conduit, fait en vis, font entrantes dans la colonne, & s'uniffent fi fort avec elle, qu'on prendroit le tout pour un même corps. D'autres jolis châteaux placés le long de cette riviere femblent fe difputer la préférence des regards, & fe partager l'efpace qui mene à la ville, comme pour varier les plaifirs de la curiofité. Padoue qui en eft le centre eft fitué fur une belle plaine : la riviere qui la partage y entraîne la fraîcheur & la falubrité ; les portiques répandus dans prefque toutes les rues marquent les refte de fon ancienne magnificence ; c'eft dommage que les façades des palais & du plus grand nombre des beaux édifices en foient mafqués.

Sa population fe porte à environ quarante mille habitans ; la ville renferme dans fon étendue de quatre ou cinq milles de circuit plufieurs monumens. Le plus digne de remarque eft l'édifice connu fous le nom de Saloué ; il confifte en une falle de cent pas de longueur & de trente de largeur ; les parties latérales jufqu'à la voûte qui est très-élevée, sont revêtues de peintures à fresque, représentant tous les êtres de la nature, les quadrupedes tant privés que sauvages; les poissons, le méchanisme des Arts, les ouvriers avec leurs outils, les chameaux, les lions & les signes du Zodiaque y sont admirablement peints: on y distingue sur-tout un Christ couronné d'épines. Ce bâtiment est une espece d'Arche de Noë; le plafond est en bois: un vent impétueux en 1756, enleva l'ancien qui étoit parsemé d'étoiles en or. On compte dans cette salle soixante & douze bureaux ou offices de procureurs & de notaires: le Podesta y a son siege, mais il préfere de juger & de donner audience dans son palais. Une cloche placée dans un coin donne le signal aux parties litigantes; si une d'elle ne paroît pas après le coup sonné, ou qu'elle ne fasse rien dire, l'affaire se juge en son absence (1).

―――――――――――

(1) Cette Salle renferme le tombeau de Tite-Live, originaire de Padoue.

La ville conferve dans fon fein les cendres de fon pretendu Fondateur. Son tombeau d'un jaune antique, porté fur quatre piédeftaux de marbre, eft expofé à la vue du Public au milieu de la rue ; mais les fondemens de la liberté Républicaine qu'il a jettés, ont été renverfés poftérieurement par la domination Vénitienne. Son commerce a éprouvé un très-grand échec par la proximité de Venife, qui l'abforbe prefqu'en entier : il n'y a que quelques manufactures de drap ; les fciences même n'y fleuriffent pas comme dans le temps où l'on comptoit foixante claffes pour les Arts libéraux, entre lefquelles l'Ecole de Médecine a toujours occupé un rang diftingué. Il refte encore une tour deftinée aux Obfervations aftronomiques : c'eft delà que j'ai obfervé la pofition de la ville & l'étendue de la plaine qui l'entoure. Sa forme eft très-irréguliere ; elle a à fon couchant les montagnes du Padouan à quinze milles de diftance, & celles de Vicenfe à dix-fept milles. On voit dans fon enceinte une belle place qu'on appelle le *Pré de la Valle*, où se tient une fameuse foire qui dure quinze jours. Un vaste ovale gardé par une balustrade couverte de statues de marbre, sert d'ornement à cette grande place, & orne la ville, qui est faite pour recevoir des beautés dans tous les genres. Les Eglises sont belles : celle de S. Antoine a cinq coupoles, quatre orgues formant un carré dans la nef du Sanctuaire, dont la boiserie est dorée. Le corps de S. Antoine repose dans un sépulcre de verd antique, placé au milieu d'une Chapelle, dont les murs sont chargés de bas-reliefs de marbre, estimables par l'expression qui semble leur donner la vie. Ces figures représentent les divers miracles opérés par l'invocation de ce grand Saint ; la façade de l'église est d'une architecture Gothique. L'Eglise de sainte Justine, appartenante aux Bénédictins, a aussi cinq coupoles formant une croix Grecque & trois nefs. On admire à la tribune du maître-autel un tableau de Paul Veronese, représentant le martyre de sainte Justine, native de Padoue, & le divin

Créateur

Créateur descendant du haut des Cieux, accompagné d'une troupe d'Anges pour couronner cette illustre Martyre. Aux deux nefs latérales sont les sépulcres de S. Luc & de S. Matthias : le premier est en albâtre, le second en verd antique : plus avant est un puits couvert d'une grille, dans lequel les corps de plusieurs Saints furent jettés dans le temps des persécutions. Les autels des Chapelles sont revêtus de marbre très-précieux. Le Chapitre de la Cathédrale est composé de vingt-sept Chanoines & d'un Doyen : le revenu de chacun se porte à mille ducats ; ils sont en rochet & camail, & ils portent la croix : ils jouissent du privilége de Protonotaire Apostolique & d'autres droits, dont ils sont redevables à la générosité du Pape Rezonico, qui avoit été leur Evêque. Je reprendrai demain la route de Venise par le canal qui m'a conduit ici.

Je suis, &c.

Tome I.

LETTRE XL.

De Venise, le 15 Mai 1777.

M.

J'AI revu cette ville avec un nouveau plaisir ; la société y est douce & agréable. Le caractere national, si difficile à développer dans les individus, s'y manifeste assez naturellement par une bonté d'ame qui semble être la base du caractere général. Les Vénitiens ont le cœur excellent, & sentent mieux que certains Peuples le prix de l'humanité ; ils en font éprouver volontiers les effets à ceux qui dans le besoin réclament leurs secours : la piété qui rehausse ces belles qualités, se montre d'une maniere édifiante dans l'observation des cérémonies de la Religion. La beauté & la multitude de leurs Temples sont la preuve de leur zele pour le vrai culte. On admire sur-tout l'Eglise de S. Marc, qui a neuf cent cinquante pieds de circonférence : dix portes de bronze ouvrent l'entrée de ce superbe édifice, dont les murs & les pilastres qui soutiennent les voûtes sont revêtus de tables de marbre poli ; plusieurs parties de l'intérieur le sont en mosaïque : sur la grande façade ornée de cinq portes de bronze, est un grand corridor, au milieu duquel sont quatre beaux chevaux de bronze doré, transportés de Constantinople à Venise vers le douzieme siecle, temps auquel les Chrétiens prirent cette ville. Ils furent faits à Rome, lorsque Néron remporta une victoire sur les Parthes. Constantin voulant honorer Bizance de ces beaux monumens, les fit transporter dans cette ville qu'il avoit fait construire ; il n'y a que le cheval d'Adrien qui est à la place du Capitole de Rome, qui puisse les égaler en beauté : ils sont sans cavalier, & paroissent si fiers & si fougueux, qu'il semble qu'on n'ait osé leur en donner.

Leur maintien même témoigne tant d'infouciance, & le lieu où ils font placés eft fi élevé, qu'ils ne fe laiffent dompter que par le défir.

La forme du pavé de l'Eglife imite les ondulations d'une mer paifible & tranquille. Il eft fucceffivement bas & élevé, partie en mofaïque, partie en marbre poli de différentes couleurs. Parmi les figures dont il eft chargé, on voit deux coqs donner la fuite à un renard ; c'eft l'emblême de l'expulfion de Sforce, Duc de Milan, caufée par la pourfuite des deux Princes François Louis XII & Charles VIII.

La place de S. Marc, contiguë à ce beau Temple, eft magnifique : elle a cinq cent cinquante pieds de long. Ses deux côtés, dans lefquels on compte quatre-vingt-deux pilaftres & autant d'arcades qui les féparent, font ornés de portiques, fous lefquels font des boutiques de Limonadiers qui inveftiffent fa circonférence. A un des angles de cette place eft un grand clocher de trois cent vingt pieds de hauteur ; on y monte par un plan incliné tournant en fpirale, & dont la

Femme de JÉRUSALEM,
et vue de la maison d'Elizabeth.

pente est si douce, qu'on pourroit y aller à cheval jusqu'au sommet : c'est du haut de ce lieu qu'on peut facilement observer la forme de la ville de Venise, qui m'a paru ronde, si on la considere depuis Castello jusqu'à l'île S. Georges, & delà à la Judeca. Si au contraire l'on ne comprend pas dans ce point de vue ces deux îles, l'arsenal, Castello & quelques rangées de maisons, elle paroît former un fer à cheval, en ajoutant trois clochers, ceux de sainte Marthe, de la Vigne & des Augustins ; ainsi la description que j'en ai vue dans une carte particuliere, qu'on dit être très-bonne, ne paroît pas être entiérement exacte ; on y serre trop sa largeur d'un côté : il seroit à souhaiter, pour s'assurer de la véritable figure des objets, qu'on eût toujours des lieux aussi commodes.

On vient de construire au milieu de la place de S. Marc un grand ovale d'architecture en bois, bordé en dehors & en dedans de boutiques de Marchands en tout genre ; elles sont en tout temps ouvertes pendant la foire qui dure quinze jours, à commencer du lendemain de l'Ascension. La multitude des réverberes, des bougies, & des lampes à crystaux tient la place éclairée comme en plein jour : on y voit à toute heure des gens masqués ; ils portent un long manteau de soie & un mantelet de gaze ; d'autres se couvrent d'un faux visage ou d'un voile de soie. Les Dames portent un grand mantelet de taffetas ou de gaze, qui leur couvre le visage & la moitié du corps ; elles portent un chapeau noir, un faux visage de cire blanche, & vont aux cafés publics comme les hommes : les trois Inquisiteurs leur en avoient défendu l'entrée ; mais ce sexe s'est tellement soulevé contre cette loi, qu'il est parvenu à la faire abolir, & elles jouissent de l'ancienne liberté. Il n'y auroit que l'indifférence de l'opinion qui pût la leur ravir, & je crois qu'à cet égard bien des personnes trouveroient ce secret.

Je suis, &c.

VENITIENNE.
Pendant la Foire de l'Ascension

LETTRE XLI.

De Venise, le 29 Mai 1777.

M.

ON a célébré aujourd'hui avec toute la solemnité possible la fête du Saint-Sacrement. Le Doge, le Nonce, les Sénateurs vêtus de rouge, ont assisté à la Messe célébrée par le Patriarche Jovanelli : l'*Introit* jusqu'au *Kyrie* a été dit par le Nonce qui n'étoit pas revêtu des habits pontificaux : il avoit à ses côtés le Doge & le Patriarche, qui lui ont répondu les versets, le premier à genoux, le second étant debout. Cette Priere étant finie, le Doge est retourné à son trône, ayant le Nonce à sa droite. Le premier Evangile étant dit, on le lui a donné à baiser, puis au Nonce : la Messe étant finie, la Procession du Saint-Sacrement, suivie d'un brillant & nombreux cortége, étoit précédée de différens corps de métiers, des Religieux de chaque Ordre & des Ecclésiastiques ; elle formoit une longueur qui ne finissoit pas. Vingt-un dais brodés en or, d'un travail fini & d'une richesse immense, la plupart à six bâtons d'argent, portés en avant, étoient accompagnés de plus de deux cents bourdons de ce métal.

 Les Confréries des Arts & Métiers, représentées par plus de trente pavillons ou bannieres, avoient séparément une musique instrumentale supérieurement exécutée : sous un de ces pavillons étoit un cheval de bois porté par six hommes, sur lequel un jeune enfant de cinq ou six ans, revêtu d'un manteau de soie bleue, étoit assis ; le cheval se nomme S. Théodore. Chaque Sénateur avoit un pauvre à ses côtés, tenant une torche allumée. Il ne m'est pas possible de détailler la multitude des feux qui brûloient dans cette belle Procession, où tous les assistans en ordre portoient leur grande torche. Les arceaux & les portiques, qui entourent la place de S. Marc, étoient illuminés : les différentes classes du peuple qui marchoient à la suite, avoient aussi des cierges. Je ne savois d'où l'on pouvoit tirer tant de cire ; mais j'ai appris depuis qu'il n'est pas de Royaume qui en fournisse plus que cette République. Il est peu d'endroits où l'on voie en pareil jour plus de richesses, de magnificence, & même de majesté, dans les cérémonies de la Religion. Le Patriarche, revêtu du Pallium, fermoit la Procession ; la musique étoit très-belle, quoiqu'inférieure à celle qu'on entend aux Hospedaletto. Des jeunes Demoiselles de condition, pauvres & orphelines, sont entretenues dans ces maisons de clôture, depuis l'âge de six ans, aux dépens de la République. Leurs talens y reçoivent la plus exacte culture, surtout pour le chant & la musique instrumentale. Elles seules l'exécutent dans une tribune grillée, qui domine la nef de l'Eglise. Les violons, les clairons, les harpes, les flûtes, les trompettes & les corps-dechaſſe ſont les inſtrumens dont elles jouent : elles exécutent auſſi les récits de taille & de baſſe-taille ; en un mot, leurs voix & leur dextérité rempliſſent tous les rôles : leur chapelle de muſique eſt compoſée de plus de quarante Muſiciennes, & on ne ſe laſſe pas d'admirer en elles les beaux préſens de l'art & de la nature. Quatre établiſſemens de ce genre, répandus dans la ville, excitent la plus grande émulation & honorent la police de Veniſe ; la République donne une dot à celles qui veulent ſe marier, mais alors il leur eſt défendu d'exercer leurs talens en public. J'ai vu dans l'Egliſe de S. Jean & de S. Paul une ſtatue de marbre couleur de chair, & de grandeur naturelle, repréſentant *Ipenſieri della morte*, (les Penſées ſur la mort). Elle eſt aſſiſe ſur un piédeſtal, dans l'attitude d'une profonde méditation, ſa tête appuyée ſur la main droite, les yeux entr'ouverts & baiſſés ſur un pupitre, où la mort eſt repréſentée en airain ; on croiroit, à une certaine diſtance, qu'elle eſt à demi-vivante par le naturel du coloris ; tout marque dans cette statue l'ouvrage le plus accompli : c'est un chef-d'œuvre d'autant plus cher à la postérité, qu'on trouve dans l'Artiste qui a caché son nom, un modele incomparable de modestie.

Je suis, &c.

LETTRE XLII.

A Trieste, le 12 Juin 1777.

M.

ON a mis à la voile le 9 de ce mois, & nous sommes arrivés le 12 au port de cette ville, une des principales de l'Istrie. Le mole qui est à la droite paroît très-solide : la partie qui fait face à la mer, est taillée en pointe ; son épaisseur est de douze palmes ; il est partagé par dix-huit larges embouchures, dans lesquelles on peut placer des batteries de canon pour en défendre l'entrée. A la vérité, les vaisseaux arrivés au milieu de l'espace qui est entre le Lazaret & les embrâsures, n'auroient pas à craindre les feux de la grosse artillerie ; mais s'ils avançoient en suivant la ligne du milieu, ils trouveroient à la fin un autre mole plus voisin de la ville, dans lequel sont des embrâsures pour des canons qu'on tireroit avec succès contre ceux qui oseroient en approcher.

Le lazaret est d'environ deux milles de circonférence, & d'un mille de diametre. Il est fermé de tous côtés par un mur très-élevé ; il y a seulement deux ouvertures, l'une pour donner l'entrée aux vaisseaux qui vont faire la Quarantaine, & l'autre du côté de la terre, qui est bien plus petite : dans la plus grande sont placées deux redoutes où se tient le corps-de-garde. L'intérieur de son enceinte est rempli d'eau en grande partie, & le reste par des édifices qu'on peut diviser en trois corps ; le premier a trente-deux chambres pour loger ceux qui sont en Quarantaine ; chaque chambre a sa cuisine & autres commodités ; le second & le troisieme servent pour reposer les marchandises ; les larges corridors qui sont entre ces différens corps, sont fermés par des grillages.

La ville se divise en haute & basse :

la premiere, plus ancienne, est bâtie sur un terrain élevé en amphithéâtre, au bout duquel est un château gardé par une nombreuse garnison ; la seconde, qui lui est jointe, fut construite sur la plaine par les soins de la Reine d'Hongrie. Des rues larges & bien percées, ornées de grands édifices, aboutissent à différentes places. La mer qui entre dans plusieurs par de grands canaux, y porte des vaisseaux à trois mâts, & rend très-commode le transport des marchandises. Dans une des places est un grand rocher en pyramide, orné dans sa base de quatre statues de marbre qui représentent les quatre parties du Monde : de ce rocher artistement fait jaillissent quatre fontaines abondantes. Au sommet de cette pyramide est une statue de marbre qui s'incline comme pour voir les eaux qui coulent sous elle ; il me semble qu'elle feroit mieux d'en verser elle-même par sa bouche ; ce signe de bienfaisance exciteroit plus la curiosité que celui de sa muette admiration. Trieste, qui ne méritoit pas, il y a quarante ans, d'être mise au nombre des villes commerçantes, tient déja un rang distingué parmi elles, & a le droit d'espérer de plus grands avantages de la sécurité qu'on prépare aux vaisseaux qui y aborderont : le port est franc ; il n'y a que l'ancrage qui se paie. Malgré les embellissemens qu'on y fait tous les jours, on n'y voit que des fabriques de verre & de fayance ; les autres pays d'Allemagne la pourvoient de draps, de toiles & des autres objets qui lui manquent ; mais c'est toujours une fâcheuse servitude que d'être obligée de chercher ses besoins hors de soi, & de subsister par des influences étrangeres.

La partie de la ville qui regarde la terre, est entourée de jolis coteaux couverts de forêts d'oliviers & de rangs de vignes en amphithéâtre. Le terrain, sujet à être entraîné par le courant des eaux, est contenu par l'adresse des cultivateurs. On fait à chaque espalier un mur, dans lequel on insinue la souche qu'on veut garantir de l'irruption de ces eaux : on range les sarmens le long du mur, on les éleve, on les lie avec les voisins par le moyen d'un bâton qui les unit. Ces côteaux étoient trop agréables ponr devoir être isolés ; les Négocians de la ville qui en ont connu le prix , y ont bâti des jolies maisons d'où ils peuvent jouir fans gêne des perfpectives variées qu'offrent la mer & la terre : le prochain départ de notre vaiffeau va mettre un terme aux jouiffances que m'ont donné ces lieux charmans. Les approvifionnemens font faits ; la douce agitation des eaux de la mer invite à la navigation. J'entends dire qu'on tendra demain les cordages ; nous verrons ce qu'il en fera.

Je fuis , &c.

LETTRE XLIII.

De l'île de Zantes, en Juin 1777.

M.

LE vent nous appelloit en d'autres climats, & nous quittâmes Trieste. Les côtes de l'Istrie s'offrirent les premieres à nos regards ; elles paroissoient changer de place & se mouvoir dans une direction opposée à la nôtre ; elles présentoient alternativement des terrains cultivés & des vastes forêts. La rapidité de leur course apparente changeoit les perspectives de moment à autre. Les villes de Capo, d'Istria, de Piran, de Bouza, d'Omago, de Citta-Nova & de Parenda disparurent comme des lumieres qui vont s'éteindre, ou comme des pierres que l'on jette dans l'eau.

Les îles d'Ossero & de la Querta ;

celles de Sancigo & de Luffin ont passé rapidement devant nous : la mer menaçoit de les engloutir ; mais des montagnes élevées jusqu'aux nues opposent à sa fureur une barriere invincible. La premiere de ces îles nous parut la plus maltraitée ; son terrain rougeâtre, dénué de rochers, est miné par des flots blanchissans d'écume, qui refluent aussi-tôt qu'ils sont chargés des parties qu'ils lui ont enlevées, & reviennent l'assaillir avec la même fureur. Nous avons touché les îles du Carner appartenantes à la République de Venise, & nous avons relâché à S. Pierre de Nimbo : le Capitaine a été delà au grand Luffin sa patrie, pour y débarquer sa femme.

J'ai pris le 23 une chaloupe pour aller le joindre. La ville peut avoir deux mille habitans, presque tous marins ; plus de vingt Capitaines Marchands y ont des maisons bien bâties. Ces Insulaires sont habillés comme ceux du petit Luffin dont j'ai parlé. Le sang y est très-beau, malgré les pénibles travaux auxquels il y est assujetti. Les habitans d'une partie de l'île ont pour nourriture ordinaire le pain d'orge & le poisson ; ils logent dans des chaumieres sans lit, & menent une vie très-dure, de laquelle ils paroissent contens.

Je retournai le soir à S. Pierre de Nimbo : je n'y vis point les feux de joie qu'on fait ailleurs la veille de saint Jean. La solitude qui environne notre port ne connoît point ces marques de gaîté ; tout étoit dans le silence, jusqu'aux oiseaux mêmes qui dédaignent d'habiter cette terre ingrate, & aux canons de la forteresse que nous avions en perspective ; la mer même en imposoit à ses flots, comme pour rendre ces lieux plus tristes & moins animés ; heureusement nous n'avons pas tardé de mettre à la voile.

Notre départ étant résolu, le 26 on leva l'ancre ; mais je vis le moment que cette île solitaire vouloit nous retenir malgré nous : le vaisseau, au lieu de suivre une direction droite, se tourna, par je ne sais quelle impulsion, vers le rivage, où les cables auxquels il tenoit encore, étoient attachés ; il s'y portoit avec célérité ; mais par une prompte manœuvre on coupa les liens de communication ; on jetta deux canots dans la mer, on les attacha à la proue & à la poupe ; des matelots vigoureux ramerent de toutes leurs forces, & tâcherent par de pénibles efforts d'arrêter la tendance naturelle du vaisseau vers le bord funeste qui croyoit déja nous posséder, n'y ayant que trente pas d'intervalle entre lui & nous : cependant le volume d'eau devenant moins considérable, ce pesant vaisseau qui entraînoit tout, commença à s'enfoncer à mesure qu'il approchoit du rivage ; on ferma les sabords ; la pâleur & l'effroi saisirent tout le monde ; on n'entendoit que des cris & des plaintes ameres : le Chef qui commandoit d'une voix embarrassée qu'on n'entendoit pas, fut obligé comme les autres d'obéir à la force qui menoit à l'écueil. Mais ce qui rendoit encore ce spectacle plus triste, étoit l'accès de douleur qui agitoit sa femme qu'il avoit ramenée : on la voyoit passer alternativement des expressions pathétiques d'une douleur sensible à des cris perçans qui auroient brisé ou du moins attendri les rochers du rivage. Dans le moment où tout étoit défefpéré, & lorfqu'on s'y attendoit le moins, un vent de terre s'éleva avec force, repouffa le vaiffeau, & l'éloigna avec promptitude des rives ennemies : la vue d'autres objets raffura les cœurs palpitans. Les îles de Servi & de Premonda, fameufes par l'excellence de leurs fromages, pafferent près de nous comme des torrens. Le 27 nous longions l'Ifola-Groffa, voifine des montagnes de la Croatie. Cette île nue & ftérile étoit couverte de monticules dans toute fa longueur : le mouvement du vaiffeau qui s'étoit ralenti, nous permit de la voir à loifir ; mais le Sirocco nous éloignant d'elle, nous rapprocha des côtes de la Pouille. Cette Province, qui a quarante milles de longueur du côté de la mer, paffe pour le pays le plus fertile de l'Italie. La beauté de fes plaines fe découvroit à mefure qu'on avançoit. S. Angelo, la ville de Monfrodonio, fituée fur une colline, Barri, S. Vito, Manopoli, bâties au bord de la mer, font des villes que nous perdîmes bientôt de vue : les forêts d'oliviers qui entourent les belles maisons de campagne, rangés sur la même ligne, firent place à d'autres objets qui venoient frapper nos yeux.

Le 3 Juillet nous laissâmes en arriere Stoni, Gravina, Brindesi ou Brundusium : de grosses tours, dispersées dans les villes voisines, menacent les Barbares qui oseroient en approcher. Les Moissonneurs, fatigués de lever en monceaux les épis courbés par la pesanteur des grains, se reposoient à l'ombre des pommiers de haute-futaie, tandis que le plus gai de la troupe jouoit d'une espece de flûte, dont le son aigu retentissoit dans notre vaisseau. Les villes de Schemsamo & de Zetsi paroissoient loin de la plage à sept milles de distance : nous étions le 5 vis-à-vis Otrante, derniere ville du pays de la Pouille; vis-à-vis & du côté opposé est le pays montagneux appellé *la Vallona*, appartenant aux Turcs. On peut regarder ces deux endroits comme les points où finit la mer Adriatique. Derriere la Vallona est l'île de Safanno, & plus loin la forteresse appellée *Durazzo*, appartenante au Grand-Seigneur. L'île de Phano fut laissée en arriere ; nous côtoyâmes celle de Corfou, autrefois l'île des Phéociens dans la mer Ionienne ; on dit qu'elle a trente milles de circonférence. Nous étions le 7 Juillet entre les îles de Céphalonie & de Zantes, toutes deux habitées par les Grecs, mais gouvernées par la République de Venise : les nouveaux approvisionnemens qu'on est obligé de faire, firent préférer de toucher la rade de Zantes ; on vient d'y jetter l'ancre, & tout le monde va se livrer au repos.

Je suis, &c.

LETTRE XLIV.

De l'île de Zantes, le 8 Juillet 1777.

M.

L'île de Zantes est la fameuse Jacinthe qu'Enée côtoya avec sa flotte, venant des îles Strivali, d'où il fut chassé par les Harpies qui dévoroient ce qu'on servoit sur sa table ; elle est sous la domination de la République Vénitienne. Le château qu'habite le Provéditeur est fermé par une enceinte murée, dans laquelle sont plusieurs maisons de Particuliers, des parcs & des jardins bien cultivés : on prétend que ce vieux mur renfermoit l'ancienne Jacinthe dont Virgile a parlé. Vis-à-vis est un groupe de monticules qui surpassent en élévation la forteresse, & qui donnent l'existence à un couvent de Moines Grecs bâti sur sa cime.

La ville de Zantes, située entre deux montagnes, & dominée par elles, est partie sur le penchant d'une colline, partie sur la plaine le long de la mer. L'intérieur n'a rien d'extraordinaire ; une longue rue traverse la ville dans toute sa longueur : elle contient environ douze mille habitans, presque tous Grecs schismatiques & Albanois ; on y compte cinq Eglises, quatre Grecques & une Catholique. L'Evêque Grec & le Catholique y font leurs résidences ; le nombre des ouailles du dernier ne va pas à trente : la France y entretient un Consul, pour veiller au commerce que la Nation fait dans ces parages & dans la Morée. On jouit peu dans cette ville des agrémens de la société ; l'esprit du commerce y absorbe tout. Les femmes ne sortent presque jamais de chez elles : si elles se promenent, elles paroissent voilées comme les Turques ; la jalousie des hommes est cause de leur servitude : ceux-ci sont revêtus d'une longue robe de drap, & de larges culottes. Ils font un grand commerce de souliers. Les pelleteries y sont à bon marché ; mais les principales productions de l'île sont l'huile & le vin. Les grains y sont en moindre quantité, & ne suffisent pas à la nourriture des Insulaires : les raisins, dans une partie des vignes, ont leurs grains petits comme un pois ; ils sont excellens, on les cueille à la fin d'Août. Après les avoir exposés dix jours au soleil, on les met dans des chambres ; on les appelle raisins de Corinthe, à cause du voisinage de l'île qui porte ce nom, & qui en fournit aussi abondamment.

Les fréquens tremblemens de terre ont fait tort à cette île : les belles forêts dont elle étoit parée, sont englouties dans le sein de la terre ; les cavernes qu'on apperçoit dans les montagnes, décelent encore les tristes effets des violentes secousses qu'elle a éprouvées. Ce qu'elle a de plus remarquable, est une source de poix qui bouillonne en été ; elle est comme un petit lac de cinq pieds de circonférence. Si l'on y enfonce un bâton, on le retire couvert de poix ; il semble qu'on pourroit attribuer cette singularité à la sourde combustion qui se fait dans la terre des bois résineux, dont cette île étoit autrefois couverte. Il est possible que la chaleur du four souterrain chasse par son action la résine renfermée dans ce bois, laquelle tombant dans des eaux voisines, est entraînée par elles dans le lieu où elle paroît. Ainsi ces bois souterrains & résineux peuvent être la matiere de la poix qui se mêle avec l'eau de la source. Cette île a encore ceci d'extraordinaire ; qu'on place deux personnes, dont l'une sera près de la source, & l'autre à vingt pas, celle-ci frappant du pied fera ressentir à l'autre une vive commotion dans tout le corps.

Le 9, à trois heures du soir, un vent impétueux nous arracha de la rade de Zantes, pour nous porter en d'autres lieux. La Morée nous présenta son aspect riant, & nous montra une circonférence de sept cent quarante milles ; on dit que son terrain est le plus fertile qu'on puisse désirer ; mais les feux intestins de la discorde consument les agrémens de ce beau pays.

K ij

La jaloufie d'intérêt qui regne parmi les différentes Nations qui l'habitent, eft caufe de fes malheurs. J'ai vu plufieurs familles Grecques fe réfugier à Zantes, pour ne pas être les témoins des fanglantes guerres que fe font entr'eux les Infulaires Turcs, Grecs & Albanois. La marche rapide du bâtiment nous fait paffer légérement fur les objets que nous avons rencontrés : il a fait en vingt heures cent trente milles par le vent de Ponente Maeftro ; s'il continue, nous efpérons être rendus le 15 en Egypte. L'île de Candie nous a préfenté fon front fourcilleux : nous avons vu fur fes grandes montagnes des bois entourés de murs, qui donnent à penfer que ces lieux étoient des enclos confacrés à quelque Divinité, ou qui fervoient de retraite à de pieux Solitaires. La plus élevée d'entr'elles paroît avoir fa cime couverte de neiges ; la navigation qui s'eft accélérée par la force du vent, nous en a éloigné de quarante milles. Le 12 nous n'étions plus qu'à cent cinquante-cinq milles des côtes d'Egypte ; nous doublâmes l'île de Pathmos, fameuse par le séjour du grand Apôtre qui y a écrit l'Apocalypse. Enfin nous sommes entrés le 14 dans le port d'Alexandrie ; les pavillons étoient arborés dans la ville & dans la rade ; des barques Turques qui touchoient le flanc de la frégate, nous ont invité d'aller à terre ; nous en avons profité.

Je suis, &c.

LETTRE XLV.

D'Alexandrie en Egypte, le 16 Juillet 1777.

M.

CETTE ville, autrefois si belle, fait bien voir que la main cruelle du temps se joue du travail des hommes. Sa double enceinte, ornée de tours de distance en distance, n'existe aujourd'hui que pour conserver à la postérité ses tristes débris : telle en est l'horreur, que les nouveaux habitans ont préféré de bâtir dans l'espace qui est entr'elle & la mer, plutôt que sur les monceaux de superbes monumens entassés les uns sur les autres, aimant mieux donner à la crainte un air de respect pour ces misérables restes, que de poser des fondemens sur les dépouilles de la vanité. Alexandrie a été appellée par les Historiens sacrés *Noammon*, & par les profanes *Babylone* : le nom qu'elle porte aujourd'hui lui vient d'Alexandre le Grand, qui la fit bâtir au troisieme siecle avant l'Ere chrétienne, & qui la rendit capitale du Royaume de l'Egypte qu'il venoit de soumettre à sa domination. Tout y étoit beau, & annonçoit la grandeur du Souverain qui en étoit le maître ; c'est-là qu'étoit le fameux *Serapium*, ou *Gymnase*, dont les Historiens contemporains ont donné la description, qui, toute intéressante qu'elle est, n'est qu'un foible dédommagement de la perte de l'original. Ce beau Temple, dans lequel les Ptolomée mirent une bibliotheque composée de livres très-précieux, étoit consacré aux fausses divinités, & servi par des Prêtres Païens. Il surpassoit en beauté & en étendue ceux qui étoient répandus dans les différentes contrées de l'Egypte, de la Phénicie & de la Grece, connus sous les noms de Temples d'Isis, de Diane, d'Ephése, de Jupiter, d'Apollon, de Minerve & d'autres faux-dieux. Le

Serapium étoit élevé fur une plateforme faite de mains d'hommes, & foutenue par des arcades & des voûtes fouterraines qui fervoient à différens ufages fecrets : on y montoit par plus de cent degrés de pierre. Il étoit placé au milieu de l'efpace, & environné de tous côtés par de magnifiques portiques carrés, & par plufieurs rangs de bâtimens qui fervoient de demeure aux Miniftres ; on ne peut rien ajouter à la magnificence de ce lieu. Le dehors étoit orné de colonnes de marbre le plus précieux ; le dedans étoit revêtu d'or, d'argent & d'airain ; il ne prenoit de jour que par un petit trou qui étoit du côté de l'Orient ; en forte que le foleil venant à fe lever, envoyoit fes rayons fur la bouche de l'idole qui étoit placée vis-à-vis au fond de ce Temple. Aucune de ces beautés n'exifte plus aujourd'hui ; & s'il eft dans ces vaftes débris quelques beaux reftes, on les admire plus par les idées qu'ils font naître, que par leur beauté intrinféque. Les autres anciens monumens qui fe font le mieux confervés, font les obélifques, les colonnes, les citernes, les réfervoirs, quelques palais, entr'autres celui qu'on dit avoir appartenu à Armide, dont le Taffe a parlé : le nombre des colonnes eft encore affez confidérable ; on en voit de couchées à terre, d'autres debout, de trente pieds de hauteur, & qui en auroient bien davantage fi l'on dégageoit leur bafe des matériaux qui les couvrent. L'obélifque de Virgile eft près du fomptueux palais d'Armide ; celui de Cléopatre eft hors l'enceinte de l'ancienne ville ; ils font de granit rouge, & chargés d'hiéroglyphes. La plus majeftueufe des colonnes que j'y aie vu, eft celle de Pompée. Elle eft hors la ville, fituée fur un lieu qui rend fon élévation plus fenfible : elle a quatre-vingt-deux pieds cinq pouces fix lignes de hauteur, en y comprenant le piédeftal. A une lieue de la ville commence un canal dans lequel le Nil croiffant envoie fes eaux, & un fecond canal moins large les conduit aux réfervoirs & aux citernes de la ville ; on en ferme la porte lorfque tout eft plein. Le nombre des citernes va à plus de trois cents : leur profondeur est double de celle de nos puits ; cent suffisent pour abreuver vingt-quatre mille habitans. L'ouverture de chacune est un rond de marbre blanc de trois pieds de diametre, qui paroît à fleur de terre. Les réservoirs, qui sont très-nombreux, sont deux & trois fois plus profonds & plus larges qu'elles. Si l'on y jette une pierre, on n'entend le bruit de la chute que long-temps après. Ils sont bâtis comme les citernes en marbre & en pierres de taille ; mais ce qui rend ces ouvrages encore plus admirables, c'est la distribution compliquée de tant de canaux qui portent les eaux à cette grande quantité de citernes & de réservoirs épars çà & là. Ces belles commodités doivent leur conservation au besoin, plus qu'à l'amour de ce nouveau peuple pour les belles choses ; son indifférence léthargique à cet égard est sans exemple : le regne des esclaves devenus Princes est bien différent de celui des Rois qui enchaînoient la servitude pour laisser au génie & au goût toute leur liberté. Les anciens Rois des

Egyptiens, Menès, Meris, Séfoſtris, les Pharaons, conſacroient à des monumens utiles les trophées de leurs victoires : ceux d'aujourd'hui qui gouvernent les Peuples de ce même climat, les font ſervir, par l'effet du pouvoir deſpotique, à leur ambition & à leur vengeance. Un Peuple d'étrangers & de vagabonds infeſte les routes & les campagnes : le paſſager trouve preſque toujours ſur ſes pas des gens qui l'arrêtent ou le dépouillent ; il eſt toujours tourmenté par la crainte. Il eſt bien fâcheux pour la noble curioſité de n'avoir pas un libre eſſor dans les lieux où elle pourroit le plus ſe ſatisfaire.

Je ſuis, &c.

LETTRE XLVI.

A Alexandrie, le 18 Juillet 1777.

M.

LA ville, telle qu'elle exiſte aujourd'hui, n'a guères plus de vingt mille habitans, d'après le rapport des François qui y ſont. Elle a deux ports, l'un pour les vaiſſeaux Turcs, l'autre pour les étrangers ; tous deux ſont beaux, mais celui des Turcs eſt plus sûr & plus vaſte. Il y a dans la ville des troupes, & un Commandant qui releve du Bey réſident au Grand-Caire. Ses appointemens ſont tirés des revenus de la douane, dont les droits ſont exorbitans pour les Turcs ; ils payent onze pour cent, tandis que les Francs ou les autres étrangers ne payent que trois. Mais ſi ceux-ci portent les denrées dans les lieux où l'on ne profeſſe pas publiquement la Religion

Chrétienne, ils payent jufqu'à dix-fept pour cent. Les principales productions du pays font le ritz, le lin, le coton & la laine : on y voit différens fruits, des bananiers, des orangers, des citroniers, des palmiers ou dattiers : ceux-ci font élevés & droits, n'ayant de branches qu'au fommet de la tige ; les feuilles & les branches reffemblent à celles des rofeaux ; leur fruit oblong a la groffeur des glands des plus beaux chênes ; fa couleur, au moment de fa maturité, reffemble à la pourpre. On voit beaucoup de tamarins & d'autres arbres affez communs en Egypte, dont je parlerai lorfque j'en aurai pénétré l'intérieur.

Le Gouvernement eft cruel, ainfi que dans tous les lieux où les Beys exercent leur fouveraineté. Le peuple a, dans la figure, je ne fais quoi d'effrayant au premier abord. La religion Mahométane eft la dominante. On appelle Mofquées les lieux où l'on va en exercer le culte public ; elles font bâties en rotondes ou en carré long. Les fideles Mufulmans s'y rendent le Vendredi, qui eft un jour de fête pour eux, comme le Dimanche & le Samedi le sont pour les Chrétiens & les Juifs : leurs Prêtres y lisent au peuple assemblé des passages du Coran, qui est leur loi. Leurs cimetieres sont couverts de sépulcres de pierres de taille, au bout desquels est placée une piece de bois à quatre palmes de large, travaillée en forme de turban ou de croissant. Les Morts sont premierement portés dans la Mosquée la tête en avant, puis dans le cimetiere ; on fait des prieres particulieres pour eux dans ces deux endroits. Les pleurs, les gémissemens sont les compagnons du convoi funebre comme par-tout ailleurs. Il y a dans chaque Mosquée un édifice fait en pyramide ou en forme de thiare, entouré d'une balustrade ; c'est du haut de ces Minarets que l'Arabe crie cinq fois le jour qu'il faut aller à la priere ; sa voix est la cloche du quartier. La plus vaste & la principale Mosquée est celle qui sert aux grands jours solemnels, tels que le Bairan & autres fêtes de leur religion, qui y attirent une grande affluence. Près de ces Temples font les tombeaux de leurs Saints.

Sur les fondemens de l'Eglife de fainte Catherine, qui étoit dans l'ancienne ville, eft une Mofquée bâtie en rotonde, entourée d'une forêt de palmiers: moyennant une modique fomme que les Arabes appellent *le Bacchis*, j'entrai un Vendredi à quatre heures du foir dans celle qui eft placée dans un coin de l'Eglife de S. Athanafe, Patriarche d'Alexandrie. Les cérémonies de Religion étant finies, & le peuple forti, le Concierge me conduifit par une petite porte dans le vafte efpace de ce Temple, anciennement defservi par les plus favans Prélats qu'ait fourni l'Eglife Grecque, & maintenant profané par les lotions impures des zélés fectateurs de Mahomet. Au milieu de la nef eft un réfervoir de verd antique, de huit pieds de long & de quatre de large, dont l'eau eft verfée par des griffons fur les parties du corps que veulent purifier ceux qui vont faire leur priere dans la Mofquée voifine. Les murs de ce grand édifice font revêtus de tables de marbre poli. Cent trente colonnes de douze pieds de hauteur, partie de granit & de marbre du pays, soutiennent les différens arceaux rangés aux côtés de l'Eglise, dans un desquels on voit une grande niche revêtue de mosaïque brute, à l'instar de celles qu'on voit à Venise dans l'Eglise de S. Marc. Un coin de cette grande enceinte, fermé par une palissade, est destiné à la sépulture des Nationaux Mahométans, qui, par des actions religieuses, ont mérité la vénération de leur secte, ou, selon le rapport des citoyens, à celle de leurs Prêtres, qu'ils appellent *Imans*. La Mosquée renfermée dans cette grande Eglise est petite, & faite en carré long. Une salle dont le sol est couvert de nattes, des bancs, une niche dans laquelle est une lampe tantôt éteinte, tantôt allumée, font tous ses ornemens. Aucun peuple n'a jamais été moins recherché que celui-ci pour les Temples, malgré les beaux modeles que l'idolâtrie née dans ces climats lui avoit laissés. Chaque Nation a un goût particulier, qui se manifeste par des effets sensibles : celui des anciens Egyptiens se peignoit dans la grandeur des travaux publics, la beauté des édifices, la richesse des Temples, & dans ce grand nombre d'entrées de leurs superbes villes, qui étoient comme autant d'asyles offerts à l'homme social ; mais le goût des Egyptiens modernes n'a extérieurement rien qui se fasse envier. La grandeur de leur luxe est renfermée dans les appartemens des femmes, qu'on appelle *Harem*, où il est défendu d'entrer sous les plus graves peines. Ceux qui ont eu la témérité d'y pénétrer assurent que les tapis précieux, les étoffes en or & en soie, les pierreries, enfin tout ce qui peut fomenter la mollesse & la sensualité, y est porté au dernier degré de magnificence, tandis que le sallon de compagnie où l'on reçoit les hommes, est meublé très-simplement. Une chose qui étonne dans ce peuple, c'est son courage à supporter les exactions & les vexations des Souverains. Le Bey secrétement averti de la richesse d'un Particulier, lui demandera une grosse somme d'argent proportionnée ou quelquefois supérieure à l'idée qu'il a de sa fortune. Le refus suivra sans doute la proposition, mais la prompte menace du supplice du bâton est une puissante clef qui fait ouvrir le trésor : ce malheureux sujet le donne avec une générosité sans exemple, & se console par la croyance que cette perte étoit dans la volonté de Dieu. On le voit dans cet état de misere, aussi tranquille qu'avec ses trésors, s'aider d'une fermeté héroïque, qui est son plus grand bien, & employer cette fidelle compagne à reprendre les premiers moyens qui l'avoient insensiblement élevé au degré de fortune dont il est déchu. Grand Dieu, s'écrie-t-il dans le moment fâcheux de cette crise, vous m'aviez donné ces biens, vous les reprenez, soyez obéi en tout. Cependant la crainte de pareils événemens rend les riches Egyptiens précautionnés & très-attentifs à cacher leur grande fortune sous les dehors d'une abjecte simplicité. Cette qualité chérie, par la trompeuse politique, détourne quelquefois les yeux du Despote & la défiance de l'avarice ; mais souvent lorsqu'elle est trop affectée, elle découvre le rideau à la curiosité, qui se paye abondamment du fruit de ses recherches. Les vieux meubles déchirés, étalés dans les salles où l'on reçoit les visites, les divans rongés par les chenilles & les vers, la modestie dans l'extérieur du train & des habits, sont quelquefois des voiles trop transparens pour couvrir l'immensité des richesses, & pour en imposer à l'œil perçant de l'avidité qui s'en rend bientôt maîtresse.

Je suis, &c.

LETTRE XLVII.

D'Alexandrie, le 20 Juillet 1777.

M.

Je voulois prendre aujourd'hui la voie de Rosette pour aller au grand Caire ; mais on me dit que les Arabes ont quitté les déserts, que leurs courses s'étendent aux environs de cette ville, & que j'en serai infailliblement atteint si je me mets en voyage ; ainsi j'attendrai que les chemins ne soient pas infestés de cette troupe vagabonde, & que le mouvement tumultueux occasionné par l'ambition d'un Bey résidant au Caire, qui a exigé d'eux une forte contribution, soit entiérement calmé. Ils cherchent à s'en dédommager en mettant à contribution ceux qu'ils rencontrent sur leur chemin. Le désert qu'ils habitent est à cinquante lieues d'ici : ils menent une vie pastorale, semblable à celle des temps d'Abraham ; ils se vantent d'être les descendans des anciens Ismaëlites : ils vont avec leurs troupeaux à laine, avec des vaches & des chameaux, tantôt dans un endroit, tantôt dans un autre, n'ayant pour équipage que des tentes qu'ils placent aux lieux où ils s'arrêtent ; ils vivent de lait, d'olives, de figues, de biscuits & d'une pâte cuite sous la cendre, qui leur tient lieu de pain. Ils menent une vie tranquille, mais au premier signal de guerre, ils se rassemblent au nombre de cent mille, & quelquefois plus ; leur courage s'anime par l'amour de la liberté. Ils sont robustes, adroits, & bon cavaliers ; ils ont d'excellens chevaux pour la course & pour la marche ; ils en ont de maigres qu'on croiroit près d'expirer de faim, que j'ai vu galoper d'une vîtesse incroyable. Leur arme favorite est la lance, ou un bâton de douze à quinze palmes de longueur, garni aux extrémités d'un fer pointu ; ils s'en servent avec la plus grande adresse, & le regardent comme une distinction particuliere ; ils ne portent de sabres & de pistolets que lorsqu'ils quittent leurs déserts pour se venger des torts qu'ils ont reçus du Gouvernement, ou lorsque de plus grands besoins l'exigent. Ils dépouillent le voyageur sans le tuer, pourvu qu'il ne résiste pas. Ils lui disent, après lui avoir tout enlevé, de leur donner ce qu'ils lui ont pris ; ainsi le don forcé du malheureux qui tombe entre leurs mains, met le brigandage à couvert du reproche de l'injustice & des loix particulieres qui la défendent. Cependant ils sont fort hospitaliers. L'humanité a ses droits chez cette Nation errante comme chez les plus policées : l'étranger sera dépouillé par les uns, & couvert par d'autres qu'il rencontrera. Leur démarche est fiere & imposante ; leur peau brunie par les chaleurs excessives du climat, & les intempéries de l'air auxquelles ils sont presque toujours exposés, les rend désagréables à la vue. La singularité de leur habit n'est guères propre à réparer cette laideur :

une longue cape, faite de laine de brebis & de poil de chameau, à bandes blanches & noires, un bonnet rouge bordé d'une toile blanche assez fine qui couvre leur tête rasée, de larges culottes de lin qui leur vont jusqu'à la pantoufle, une ceinture de toile ou de coton, une longue barbe, voilà le vêtement des Arabes. Ils sont naturellement belliqueux, mais ils l'étoient plus dans les siecles reculés, lorsqu'après avoir soumis l'Egypte à leur domination, ils la gouvernerent sous le nom de Rois-pasteurs deux siecles & demi après la fondation de la Monarchie Egyptienne, d'où ils furent chassés par Amosis, qui rendit la domination aux Chefs naturels du pays à qui elle appartenoit. L'histoire ne rapporte pas qu'ils aient rien fait de remarquable depuis cette époque. Ils ont eu, il est vrai, des guerres à soutenir avec leurs voisins, plutôt pour défendre leur liberté que pour asservir les autres à leur joug. Leur Chef, qu'on traite de Roi, vit d'assez bonne intelligence avec le Grand-Seigneur. Ils partagent à égales portions les offrandes qui se font à la Mecque par les Agis ou Pélerins. Le jour de l'élection de leur Chef, ils le font jurer par le plus solemnel serment qu'il résistera aux Turcs, qu'il ne fera sa demeure dans aucune ville ou château, & qu'il demeurera toujours en rase campagne sous les tentes & les pavillons, & aux déserts comme leur grand-pere Kedar.

Je suis, &c.

LETTRE XLVIII.

LETTRE XLVIII.

A Alexandrie, le 21 Juillet 1777.

M.

LES maisons de cette ville sont, en général, bâties en pierres de taille, & ont assez d'élévation. Les rues sont étroites, & donnent la facilité d'étendre d'un toit à l'autre des roseaux ou des nattes qui garantissent les citoyens des brûlantes ardeurs du soleil; elles sont arrosées plusieurs fois le jour; ces précautions diminuent l'excès de chaleur. L'hôtel de la Nation Françoise est bâti près du mole; il sert de logement au Consul, aux Dragomans, & autres François faisant en tout le nombre de dix-huit. Les Républiques d'Hollande, de Venise, de Raguse, l'Allemagne & l'Angleterre ont chacune un Consul résidant, &

leur hôtel particulier. Ces différentes Nations n'ont de relation avec les Turcs & les Grecs habitans de la ville, que pour des objets relatifs au commerce, & partagent entr'elles les agrémens de la société civile ; mais cette douceur est souvent troublée par les fréquentes révolutions du Gouvernement toujours porté à saisir l'occasion d'exercer la tyrannie envers les Etrangers. Cette animosité, arrêtée quelquefois par la crainte, a des accès de fureur : un événement survenu quelque temps avant mon arrivée, en est une preuve sensible.

Un Perruquier Livournois & deux François étant allé à la chasse, la troisiéme fête de Pâques, à quelques milles d'Alexandrie, entrerent avec leurs chiens dans un champ ensemencé de froment. Le propriétaire les ayant apperçus, les avertit de se retirer ; le Perruquier résistant plus que les autres, fut menacé de coups de bâton ; le chasseur voulant éviter le mauvais traitement qui alloit s'ensuivre, déchargea son fusil sur la tête du paysan ; d'autres paysans ayant entendu le coup, accoururent au fecours de leur frere-croyant, qu'ils virent étendu mort. Ils furent auſſitôt à la pourſuite du meurtrier; les deux qui n'avoient pas donné le coup, échapperent de leurs mains par le miniſtere de l'argent, mais ils retinrent le vrai coupable, & le conduiſirent devant le Commandant de la ville, qui le fit pendre à l'inſtant. On craignoit même que la fureur des citoyens ne fe portât à maſſacrer la nation Françoiſe: les femmes donnerent dans cette occaſion un ſpectacle de cruauté extraordinaire; on les voyoit par un excès de rage ſignalée mordre & déchirer le cadavre pendu. La Nation Françoiſe conſternée de la cataſtrophe, attendoit, dans la retraite & le filence, le calme des eſprits aigris par ce tragique événement: mais quinze jours ſuffirent pour diminuer la fermentation; les François commencerent à ſe montrer dans la ville où on les regarda du même œil qu'auparavant; & tout y paroiſſoit ſi tranquille, qu'on n'auroit jamais foupçonné les projets de la plus noire vengeance. Le Conful Françoit crut pouvoir, comme à l'ordinaire, prendre le plaisir de la promenade, escorté d'un Janissaire ; il étoit déja à deux milles de la ville lorsque le frere du défunt, imbu de l'axiome reçu dans cette nation, que la mort d'un Arabe ou d'un vrai Croyant doit se payer par celle de cent Francs, épioit, dans les tentes placées le long de la route, l'occasion d'exécuter son noir dessein. Le sort tomba malheureusement sur le pauvre Consul. Cet Arabe, dont le visage étoit couvert d'un voile noir, le voyant arriver, fit semblant de chercher au milieu du chemin quelque chose, sans donner à comprendre que c'étoit pour se mettre plus à portée de faire son coup. Le Janissaire passa près de lui ; il ne se détourna pas, mais aussi-tôt que le Consul, qui venoit ensuite, eut passé, il se releva, & lui tira un coup de pistolet à bout touchant, & le renversa mort. La Nation Françoise désolée de la perte de son Chef, & trop foible pour venger elle-même sa mort, eut recours au Bey résidant au Caire afin d'en obtenir une fatisfaction exemplaire ; il condamna la ville d'Alexandrie à lui payer trente mille piaftres. Les citoyens irrités de cette contribution, menacerent la Nation Françoife de fa perte entiere ; le complot en étoit déja formé, & à la veille d'être exécuté. Heureufement pour elle la crainte des canons & des troupes françoifes renfermées dans une frégate arrivée au port dans cette circonftance, changea l'infâme confpiration en une députation des principaux de la ville vers les Dragomans, pour les fupplier d'obtenir du Bey une modération de la moitié de la contribution demandée. Cette propofition fut accompagnée de fignes de reconnoiffance dont on devoit fe défier ; mais quel qu'en dût être l'événement, ils furent accueillis, la réduction fut obtenue à la follicitation de la Nation Françoife, & tout reprit fa premiere tranquillité. La frégate Françoife étoit en rade, & on fait que la terreur étant l'ame d'un Gouvernement defpotique, fa dureté ne peut être amollie que par les mêmes moyens qui font son soutien.

Mais si, pour rendre l'activité & la liberté au commerce, il étoit possible de tenir en station dans ces divers parages quelque vaisseau armé & équipé de troupes de guerre, dès-lors la présence de cette forteresse ambulante seroit la sauve-garde de la Nation, la protectrice immédiate de son commerce, & le censeur sévère de la cupidité du Gouvernement; sans cette précaution la Nation Françoise n'aura jamais dans ce pays qu'une existence précaire.

Je suis, &c.

LETTRE XLIX.

A Alexandrie, le 22 Juillet 1777.

M.

Les Religions Grecque, Cophte, Juive & Catholique sont tolérées dans cette ville, & les différens Sectaires ont la liberté d'exercer leur culte dans les Temples bâtis dans l'intérieur des maisons : aucun n'a le privilége d'avoir des cloches sonnantes ; toutes ont des Ministres particuliers. Les Cophtes, qu'on dit être les descendans des anciens Egyptiens, ont une Eglise dont l'ensemble donne à croire que son antiquité remonte à la naissance de la Religion Catholique : elle est honorée de la tête de S. Marc dans une urne qui est placée dans leur Chapelle, où l'on remarque une ancienne chaire de bois sculpté dans le goût antique. Les Cophtes sont pour la plûpart schismatiques, & menent une vie austere & retirée : leurs jeûnes sont fréquens & rigides ; ils suivent les rits de l'ancienne liturgie Egyptienne. Ils n'ont point de commerce avec leurs femmes en Carême, ni lorsqu'ils doivent célébrer la Messe. Les Franciscains ont une maison que l'on appelle l'Hospice de Terre-Sainte. La France leur paie deux Janissaires pour en garder la porte, & chaque vaisseau François qui va à Livourne leur donne deux pataques ; ils ont dans leur jardin des palmiers, des vignes, & une citerne dont l'eau est excellente. Voilà ce qui me restoit à vous dire de cette ville : je ne vous parle pas de sa position voisine de la mer, de l'affluence des vaisseaux qui viennent dans ses ports, de la multitude de chameaux & de dromadaires qu'on y voit, de la variété des oiseaux dont le plumage est charmant, ni de la quantité d'autruches qui prennent leur naissance dans ce pays.

Je suis, &c.

LETTRE L.

De Rosette, le 23 Juillet 1777.

M.

Nos matelots étant prêts, nous sommes partis d'Alexandrie au nombre de trente, parmi lesquels se trouvoit le Baron de Durfort, Commandant l'Athalante, & les autres Officiers qui servoient cette frégate laissée en rade. Mes compagnons de voyage étoient munis d'armes défensives ; il faisoit beau les entendre s'entretenir des Arabes qui oseroient les arrêter en chemin. Nous avons vu à la gauche, en sortant de la ville, le palais & l'obélisque de la fameuse Cléopatre, qui a environ soixante palmes de hauteur & dix de large. Bientôt après nous sommes entrés dans des déserts sablonneux : les bêtes de somme, accoutumées à ces routes, nous ont merveilleusement tiré d'affaire : elles entroient dans le sable jusqu'au ventre, & s'en dégageoient. Des ouragans élevant des tourbillons de poussiere & de sable, obscurcissoient la route que nous devions tenir; mais de grandes colonnes placées de distance en distance étoient nos guides dans ces lieux déserts. Quelque temps après nous avons quitté les sables mouvans pour marcher sur celui qui est baigné par les flots de la mer. La nuit nous a surpris entre la mer & le désert; mais un Moucre muni d'un falot allumé, marchoit devant nous; on le suivoit en file. Sa lumiere étoit presque doublée par les flots de la mer qui la réfléchissoient vers nous. Ces vagues venoient se briser sur les pieds de nos mulets, même quelquefois sur les nôtres; mais nous préférions ce désagrément à la sécheresse du sable que nous avions quitté. Enfin, à onze heures du soir nous avons trouvé un Amadi, ou habitation déserte, à quatre cents pas de la mer. Nous nous y sommes reposés deux heures, & nous avons mangé les mets que nous portions avec nous. Cet Amadi, construit pour la commodité des voyageurs, est un large bâtiment carré, dans lequel est une vaste salle couverte de vieilles nattes, & à côté un espace pour placer les chevaux. Cet hôtel ayant pour concierge & pour hôte la solitude, la mer & les sables, fut témoin de notre appétit & de la gaieté du repas. Etant partis après-minuit, nous sommes rentrés sur les sables humides, où nous avons marché pendant quatre heures ; nous avons ensuite repris les collines sablonneuses & arides, que nous avons suivies pendant une heure jusqu'aux portes de la ville de Rosette, où nous sommes arrivés à cinq heures du matin. On ne voit dans la traversée d'Alexandrie à Rosette que mer, plaine, sable, des chameaux paissans dans de maigres pâturages, & des palmiers épars à de grandes distances les uns des autres. Nous avons tâché de réparer dans l'hôtel de la Nation Françoise, par un léger repos, le sommeil que nous avions perdu.

Je suis, &c.

LETTRE LI.

A Rosette en Egypte, le 23 Juillet 1777.

M.

Enfin je vois un bras du fleuve du Nil, dont les histoires ont tant parlé. Il est profond, majestueux, large comme le Pô à Ferrare, ou comme le Rhône à Beaucaire, entraînant avec une fierté orgueilleuse ce qu'il rencontre, allant d'un cours rapide forcer les eaux de la mer de er ecevoir dans leur sein, laissant dans un cours de neuf cents lieues, depuis l'Abyssinie, lieu de sa naissance, jusqu'à l'embouchure de Canope où il va se perdre, des marques de la plus grande fertilité. Qu'il est beau de voir ses rives, que les vapeurs fraîches des eaux entretiennent émaillées de fleurs & de plantes, ces tapis verds rangés en amphithéâtre pour se faire mieux remarquer, & les terres fertilisées par les sels du limon ! Mais ces riants objets que les yeux attentifs ne cessent de contempler, deviennent bien plus intéressans lorsque l'on porte ses regards dans le lointain vers les arides côteaux desséchés par les rayons brûlans du soleil, & couverts d'arbres pâlissans. Ce contraste qui rend ses bords & le voisinage plus chéri, est compté pour peu par ce fleuve chargé de fécondité, s'il ne répand ses bienfaits sur les lieux éloignés qui sont dans l'indigence. Comme s'il étoit animé du zele le plus intelligent, on le voit dans un temps marqué s'élever au-dessus de son lit, courant avec rapidité sur les terres entr'ouvertes & desséchées, qui semblent implorer le bienfait de ses flots vivifians. La couleur rougeâtre qu'il prend dans le temps de sa grande action, est le symbole de vie qu'il va donner à la nature expirante de chaleur ; jamais on ne la ui voit prendre avec tant d'éclat, qu'aux temps de crise où la terre a le plus grand besoin de son secours; & ce n'est qu'aux époques fixes de la grande nécessité qu'il consacre ses débordemens périodiques, & qu'il donne par ses bénignes influences un spectacle aussi agréable à la vue, qu'utile à l'humanité. La saison de l'été étant brûlante dans ces climats Africains, est celle qu'il choisit pour descendre avec plus d'abondance & d'impétuosité de ses hautes cataractes, & pour abreuver la terre prête à expirer de soif. C'est au moment de cette grande révolution qu'il prend une couleur rougeâtre; mais ses eaux reprennent leur limpidité après un quart-d'heure de repos. Elles sont plus légeres que celles des fontaines, & leur fraîcheur invite à s'en abreuver. Les divers Peuples donnent différens noms à ce beau fleuve; il est appellé Gehon par l'Historien sacré, Nim par les Egyptiens, Tacui par les Ethiopiens, & Nil par les Latins. Les Nations même les plus éloignées de sa source, qui ne le connoissent que par des relations étrangeres, se plaisent à lui donner un nom comme pour s'affilier aux Peuples qui le possedent, ou pour honorer de loin dans sa merveilleuse fécondité la généreuse providence de l'Auteur de la Nature. Ce fleuve incomparable ne se borne point à fertiliser les campagnes; il dépose aux portes des villes plusieurs objets de commerce & de consommation qu'elles ne pourroient point se procurer sans ses utiles débordemens : c'est à lui que la ville de Rosette doit son lustre; c'est par lui qu'elle est abondamment pourvue des objets de premiere nécessité. Elle en reçoit à la vérité quelques-uns par la voie de la mer, & d'Alexandrie, mais ils lui seroient inutiles si le Nil n'en facilitoit le transport & la vente; aussi cette ville lui présente sa face la plus agréable, & expose l'autre aux déserts sablonneux qui l'environnent; & comme si ce fleuve étendoit son influence jusques sur les caracteres, on voit le peuple qui habite son voisinage, naturellement plus doux que celui qui habite les lieux agrestes & desseéchés : aussi l'étranger qui se promene dans l'enceinte de Rosette n'est pas exposé comme à Alexandrie aux insultes du mauvais naturel ; les hommes y sont plus civils & moins féroces. La fermentation si naturelle au Gouvernement Africain paroît s'éteindre dans ses vapeurs aqueuses : rarement le cri affligeant du désordre s'y fait entendre ; la bonne police fait s'y maintenir d'elle-même sans les menaces de l'autorité : les seules révolutions qui agitent les citoyens, sont le flux & reflux d'un commerce varié, l'activité progressive des intérêts, la multitude des transports, les flots des espérances, les soins de la navigation & les soucis des combinaisons. Trente mille habitans qu'on dit être contenus dans la ville, bâtie en tuiles à carreaux, sont presque tous animés du même zele ; les plus misérables s'occupent à arracher toutes les plantes qui servent à leur nourriture, & sur-tout les racines d'une plante qu'ils appellent *Gramous*, dont le fruit est gros comme une fève, & fort estimé par les Arabes. La figure & la hauteur de cette plante ressemblent à celles qu'on voit dans nos prés. Je vais m'arranger avec le Rays Turc pour partir demain. *Allakerim Meſſecum barhe.*

Je ſuis, &c.

LETTRE LII.

Au Caire, le 24 Juillet 1777.

M.

C'EST aux premiers momens d'un embarquement défiré que la joie réserve ses plus doux sentimens. Le cours rapide des eaux, la diversité des sites, & d'autres plaisirs que l'imagination se donne, & qu'on ne peut exprimer, semblent étendre le domaine du voyageur, en lui offrant une variété infinie de jouissances. Il y a déja quatre heures que nous voguons sur ce beau fleuve, qui s'enfle à chaque instant pour laisser à la vue l'avantage de dominer à l'aise les belles plaines qui le bordent. On en voit de verdoyantes, couvertes de riz & de palmiers, terminées par des villages. Celui qu'on trouve à la gauche du fleuve, & qui eſt à quatre heures de chemin de Roſette, s'appelle *Metoubes*; on le diſtingue des autres, moins par ſa beauté que par le caractere particulier de licence qui regne entre les citoyens de l'un & de l'autre ſexe; il regne pourtant parmi eux un genre d'affabilité qui ſemble fait pour en civiliſer les excès; c'eſt l'hoſpitalité gracieuſe qu'y trouve l'Etranger, & on aſſure qu'elle y eſt auſſi fidélement obſervée que dans un village de la Phénicie qu'on appelle *Martavan*, où l'on tient regiſtre des Etrangers qui paſſent, afin qu'on puiſſe avoir l'avantage de les loger chacun à ſon tour : moyennant un Bacchis on eſt maître deſpotique de tout ce qui appartient à l'hôte chez lequel on eſt logé. Ce bel exemple nous montre les effets de l'humanité dans les lieux où l'on ne la croiroit pas, & donne une belle leçon aux Nations plus policées qui s'en croient ſeules depoſitaires. Mais cette noble vertu que des effets viſibles décelent malgré elle, devient encore plus admirable par l'attribut de modeſtie qui lui fait chercher de préférence les lieux sauvages & solitaires pour préserver son intégrité des atteintes du faste orgueilleux qui se fait gloire en certaines occasions d'en protéger les droits.

Les villages de Dirout & de Saudion, placés à la droite & à la gauche du fleuve que nous remontons avec vitesse, n'ont pas la même réputation que Metoubes ; & comme si les lieux qui l'avoisinent vouloient le rendre plus aimable par des contrastes frappans, on assure qu'un Etranger qui oseroit aborder dans ces bourgs, seroit puni de sa témérité. Un vent propice nous a éloignés de ces bords cruels, & nous a approché de Fougoa, bourg presqu'aussi grand que Rosette. Ses dehors sont ornés de vignes, dont les raisins sont mûrs à présent. J'en ai fait acheter d'excellens; on s'en sert comme des autres fruits; on les garde sans les presser. Il est assez rare de voir des vignes en Egypte, depuis un événement arrivé au siecle dernier au Pacha du Caire. Ce Gouverneur tranquille dans son château y fut assassiné par des soldats ivres. Le Grand-Seigneur sensible à cet accident, voulant guérir le mal en attaquant la cause, ordonna qu'on arrachât toutes les vignes, & que les vins qui entreroient dans le royaume payeroient un tribut excessif. La sévérité de cet ordre causa plus de mal qu'elle n'en empêcha : la boisson y est devenue rare, mais les meurtres y sont aussi fréquens, & le sang trop facilement versé. Nous voulions mouiller le soir la petite ancre près du rivage, pour éviter les dangers d'une navigation nocturne. Le Cangis préféra d'en courir les risques, à ceux d'être pris ou massacrés par les brigands qui voltigent le long des bords du fleuve. La résistance des gens de notre équipage eût été trop foible pour repousser les attaques ; toute leur artillerie consistoit en cinq fusils : cependant ils ont fait des décharges de moment à autre, & ont tenu les fanaux allumés pendant toute la nuit, pour en imposer à l'ennemi. Ils ont paru au lever de l'aurore aussi fiers de leur contenance que s'ils eussent combattu. Chacun se faisoit gloire de la poudre qu'il avoit brûlée : ils célébroient leurs succès au son du hautbois, & le tambour battant exprimoit le courage qu'ils avoient eu. Les habitans du village de Salomon, près duquel nous passions, accoururent à nous, & quitterent leurs maisons d'argile pour nous voir passer. Des puits à roue, placés de distance en distance pour puiser les eaux du fleuve, qui ne peut dominer le terrain élevé, étoient les objets que nous trouvions à la suite du village. Plus loin nous vîmes trois pêcheurs dans un bateau venir nous offrir le fruit de leur pêche. Le poisson ressembloit aux siéges de nos Pyrénées ; il est d'un goût fade, & à très-bon marché. Le plaisir de cette visite fut troublé par un malheur imprévu : à peine furent-ils rentrés dans leur nacelle, qu'un vent impétueux ayant surpris la voile tendue, renversa tout dans l'eau : deux se sauverent à la nage, & le troisieme, qui se trouva accroché dans les filets, étoit sur le point de périr si nos gens ne lui eussent donné un prompt secours, & ne l'eussent délivré de sept crochets qui lui perçoient le corps. Il a supporté l'opération avec une constance qui nous a étonné ; il a fumé sa pipe aussi tranquillement que si rien ne lui étoit arrivé. Par un enchaînement de causes secondes, un autre vent aussi violent parut se déchaîner, & vouloir renverser notre bâtiment comme celui des pêcheurs : il inclina si fort le caiche, que l'eau entroit par le sabord de notre chambre. La vitesse avec laquelle nous allions, faisoit craindre de chavirer. Les matelots qui savent très-bien nager, s'en embarrassoient peu ; ils exhortoient au courage, & faisoient des offres de secours à ceux qui n'avoient pas le même talent. Le bâtiment reprit son à-plomb vers les côtes de la terre de Gessen. Le plaisir de voir ce fertile pays, qui a été long-temps la demeure des anciens Israëlites, me donna l'envie d'y pénétrer. En abordant je vis une immense plaine couverte de cannes à sucre ; plus loin étoient des forêts de dattiers, de la hauteur des pins des Pyrénées. En d'autres quartiers que la nature a symétrisés, étoient des arbrisseaux qui portoient

portoient d'excellens fruits, appellés par les Naturels du pays *Barboug*, *Thoul* & *Carroubi*. Le fruit du premier a la couleur violette, & est très-bon pour les confitures. Cet arbre est de la hauteur des érables de nos Pyrénées : le second a son fruit gros comme une fève ; il est très-succulent, c'est le fruit le plus précoce du pays : il est rouge, blanc, noir, selon l'espece & la qualité du terrain : le troisieme a la forme & la longueur d'une petite gaîne ; les grains qui sont dedans sont rouges, & bons à manger. L'arbre qui porte ce fruit est élevé comme un pommier à hautes branches ; j'y ai encore vu un arbrisseau appellé Bamia ; sa fleur est jaune, & son fruit bon à manger.

En sortant de cette plaine, j'ai trouvé sur le rivage du Nil un arbrisseau qu'on nomme *Tamrahenné*. Ses feuilles vertes, serrées entre les doigts, rougissent ce qu'elles touchent. Les Turques mariées s'en servent pour rougir leurs ongles & le bout de leurs doigts : nos matelots Égyptiens me dirent que cet arbre étoit très estimé dans leur pays, & m'annoncerent par le son des instrumens la vue de Négila, bourg très-bien bâti, où il est fort commun. Il est d'usage chez eux de tirer des coups de fusils & de battre la caisse lorsqu'ils passent près des villages, c'est leur maniere de saluer les Egyptiens postés aux passages : ceux-ci rendent à leur tour le salut au bruit du tambour & d'autres instrumens de fer, qu'ils battent avec force ; chacun crie ses complimens à sa mode. Les bords du fleuve sont remplis de gens de tout sexe, qui viennent se baigner dans ses eaux. Nous venons de passer près des villages de Tounoub & Monnouphebete ; celui-ci est très-vaste. Le lin qu'on y recueille a une hauteur presque double de celui de l'Europe : plus loin, & sur la rive du fleuve, est le village de Caleph. J'y ai vu dans les basses-cours des maisons des monceaux de riz ; on y fait des teintures bleues très-estimées.

Nous avons quitté le petit canal pour joindre à Capkreleme la grande branche du Nil dont nous nous étions écartés. Sa crue s'étendoit déja fur une partie des plaines ; celles qu'il ne couvroit point encore s'arrofoient par les foins des habitans. Pour cela ils fe placent deux à deux, tenant une longue corde : au milieu eft un fceau avec lequel ils puifent l'eau pour la jetter au-deflus des bords dans des canaux qui la diftribuent aux diverfes parties de la plaine qu'on veut arrofer. A une autre diftance font des puits à roue, qui verfent l'eau fur les terres, par la force des bœufs qui tournent les vafes où elle eft enfermée : on ne fait lequel admirer le plus ; ou l'induftrie des habitans, ou la fertilité du fleuve; mais ces perfpectives ont bientôt difparu pour nous, en arrivant le 27 à Boulac. Ce fauxbourg a environ trois milles de longueur jufqu'à la ville du Caire; l'efpace en eft rempli de maifons, de plaines, & de beaux réfervoirs. Les plus voifins de la ville font entourés de maifons & de promenades. Ces grands réfervoirs qu'ils appellent *Benqués*, font remplis d'eau dans la crue du Nil. Les Egyptiens vont y promener dans de jolies barques, & s'y donnent d'agréables fêtes. Enfin j'arrivai, après une heure de chemin, dans la capitale de l'Egypte.

Je suis, &c.

LETTRE LIII.

Au Grand-Caire en Egypte, le 28 Juillet 1777.

M.

Cette ville est la capitale de l'Egypte, comme l'étoient autrefois Thèbes, Memphis & Alexandrie. Les Historiens lui ont donné les dénominations d'Héliopolis, de Babylone, & même de Memphis. Cette diversité de noms a sans doute été occasionnée par les relations des voyageurs qui ont voulu la rendre dépositaire des noms de ces anciennes capitales. Sa population, le puits & les greniers de Joseph, & d'autres conjectures qu'il seroit inutile de rapporter, ont fait croire que les fondemens du Caire étoient ceux de l'ancienne Memphis, sur-tout lorsqu'on lit dans l'histoire des autres villes, que ce qui n'étoit souvent dans l'origine que dépendance ou fauxbourg, a pris dans la suite du temps le nom de la ville même, par droit de succession & de voisinage (1). Quoi qu'il en soit, le Caire est une grande & belle ville, située dans une plaine ; elle est le séjour des Princes qui gouvernent l'Egypte. Le peu de temps que je l'ai habitée ne m'a pas permis de calculer le nombre de ses citoyens. La multitude qu'on en voit entassée dans les rues est innombrable : toutes les fois que j'avois à y marcher, il me falloit un guide pour percer la foule. Un Jésuite qui l'habite depuis trente ans, m'a assuré que sa population se montoit à 1800000 habitans, en y comprenant ceux du vieux Caire & du fauxbourg. Cette ville est fort riche, & très-commerçante en lin, riz, coton, froment, cuirs, toiles, étoffes de Perse & de

---

(1) L'Auteur des Lettres sur l'Egypte a discuté & éclairci cette question.

l'Inde ; elle est comme le centre où aboutissent les Nations du Monde connu. On y voit des Ethiopiens, des Assyriens, des Arméniens, des Tartares & des Scythes. L'affluence en est si grande, que la ville paroît petite malgré sa vaste étendue, qu'on évalue à trois milles de longueur, sans y comprendre le vieux Caire ni Boulac qui y tiennent ; elle est sans murs de fortification, ouverte de tous côtés. Ses édifices sont de cinq à six étages, bâtis en pierres de taille ; le comble est en plate-forme. C'est sur ces terrasses élevées que les citoyens vont prendre le frais, & faire des repas de société. Les François qui habitent depuis long-temps cette ville, m'ont dit que trente mille hommes chargés d'arroser les rues tous les jours, & de fournir de l'eau aux habitans, vont la chercher dans le Nil, & la portent renfermée dans des outres de peau de chevre. Le nombre des rues est immense ; la plupart n'ont point de pavé : chacune a sa porte, que les habitans ferment lorsque les Princes se font la guerre dans la ville. Elles sont illuminées la nuit pour la commodité des Marchands, que la fraîcheur invite au travail, & dédommage des chaleurs du jour. Les rues sont étroites, & couvertes de nattes ou de draps qui interceptent les rayons du soleil. On compte parmi elles plusieurs Bazarts voûtés ou Marchés publics, où se vendent les divers objets de consommation; il y en a qui sont destinés pour l'achat des esclaves de tout sexe, qu'on expose en vente comme les autres denrées; l'extérieur des édifices est presque par-tout enfumé & triste. Lorsque les birques ou réservoirs commencent à s'emplir des eaux du Nil, les Seigneurs & les riches Egyptiens vont s'y promener sur des bateaux. Ces amusemens suivis de repas de société sont les effets de la joie que leur cause l'arrivée du Nil dans ces lieux auparavant desséchés. Les Dames Turques y vont quelquefois distraire leur mélancolie, & ont su forcer les loix séveres de la servitude à se relâcher dans ces circonstances.

Les Mosquées occupent un grand

espace dans cette ville ; on en compte plus de cinq cents de différentes grandeurs : elles sont ornées d'une tour ou minaret, environné d'un balcon, sur lequel se tiennent les crieurs publics, qui avertissent les citoyens de faire la priere aux heures fixées par leur religion ; le bruit qu'ils font dans ces lieux élevés, & le tumulte de la ville étonnent ceux qui n'y sont pas accoutumés. Les aveugles sont chargés de cette pénible fonction par le gouvernement. Ce climat tantôt brûlant, tantôt rafraîchi par les vents & les vapeurs du Nil, souvent obscurci par des nuages de poussiere, est abondamment pourvu de ces sortes de gens. On m'a assuré que plus de deux mille sont consacrés à cet exercice. Les voix humaines sont les clochers des Egyptiens & des Mahométans ; mais j'oserois croire qu'il y a bien des cloches de fonte qui se font moins entendre que la voix de ces misérables aveugles, qui crient tous ensemble cinq fois le jour dans les différens quartiers de la ville. Ceux qui se promenent dans les rues à midi, disant en leur langue qu'il faut aller à la priere, ne font point aveugles, & ne crient pas comme les autres. La premiere époque où les Egyptiens font invités à la priere, s'appelle *Salaame*; c'eſt une heure & demie avant le jour; la feconde, qui eſt à midi, s'appelle *Eldor*; la troiſieme, entre midi & le couchant du ſoleil, ſe nomme *Elaïr*; la quatrieme, qui eſt au ſoleil couché, *Elmagrebe*; la cinquieme enfin, ſe nomme *Elachier*, cinq quarts-d'heure après le ſoleil couché; mais pendant le Ramadam, qui dure trente jours, ils prient cinq fois la nuit, & ſe lavent autant de fois. La durée de ces prieres eſt de ſix à ſept minutes : j'en ai vu prier en raſe campagne, dans les bâtimens & dans les villes, & je ne crois pas qu'on puiſſe le faire avec plus de ferveur; on les voit lever les mains vers le ciel, & ſe proſterner à terre; leur corps eſt tout en mouvement; tantôt ils courbent leur tête juſqu'à mi-corps, tantôt ils placent leurs mains derriere l'oreille; & le réſultat de cette violente agitation eſt preſque toujours une écume qui ſort de leur bouche, ou une ſueur qui montre la ferveur de l'action. S'ils font occupés aux travaux méchaniques ou en voyage, ils étendent, aux heures de la priere, des tapis ou une large ceinture, & le challé du turban. Ils font très-exacts à fuivre leur liturgie. En général, les droits de l'hofpitalité font facrés chez cette nation ; fes fondations & le nombre de fes hôpitaux en font des preuves. Dans ces afyles d'humanité fe rendent les naturels du pays & les étrangers, de quelque religion qu'ils foient ; l'affiftance eft accordée indifféremment à quiconque en réclame. Trois jours fixés dans la femaine ouvrent la porte aux malheureux qui ne peuvent fe paffer de fecours ; on leur diftribue du pain, de la viande & du riz. L'hofpitalité eft fi refpectée, que leur plus grand plaifir eft de voir l'étranger fe mêler à leurs repas, & manger de ce qui eft fervi fur leur table ; & par une fuite de ce principe, ils ne dédaignent pas de fe faire donner de ce que les autres mangent. J'étois un jour affis devant la porte de la maifon où j'étois logé : un Egyptien me prit en paffant une portion de gâteau que j'avois dans la main, & après l'avoir mangée devant moi, il se retira, me disant Catavalla querac ! *Que Dieu accroise ton bien !* Cette maniere simple, qui étoit plus un signe de cordialité que de besoin, me donna bien à comprendre que les peuples quelconques portent en eux un germe de bonté naturelle que les passions ne peuvent étouffer : j'oserois même dire que la Nation Egyptienne l'emporte beaucoup sur les plus éclairées dans la connoissance des choses qui tiennent à la nature de l'homme ; il semble que l'instinct primitif s'altére moins dans la rustique simplicité de l'ignorance.

Je suis, &c.

LETTRE LIV.

Au Caire, le 6 Août 1777.

M.

LE Royaume de l'Egypte eſt borné au nord par la Méditerranée ; au midi par la Nubie; à l'orient & à l'occident par une longue chaîne de montagnes ſtériles; il eſt comme une vallée aſſez étroite, au milieu de laquelle le Nil a ſon cours. Sa plus grande largeur ſe prend depuis Alexandrie juſqu'à Damiette, elle eſt au moins de ſoixante lieues ; elle ſe rétrécit inſenſiblement, & n'a, à-peu-près, qu'une journée de chemin de largeur juſqu'aux environs de Saïd. Sa longueur du ſeptentrion au midi, depuis la Méditerranée juſques au Royaume de Nubie, où eſt la grande cataracte, eſt d'environ deux cents cinquante lieues. Ce Royaume, si ancien, & toujours fertilisé par les influences d'un fleuve majestueux, a fait l'ambition des plus grands Conquérans : les arts, les sciences, la superstition y ont régné tour-à-tour. Mahomet a su l'asservir mieux que ses premiers maîtres, en captivant sous ses loix le corps & l'esprit de ses sujets. Pour réussir dans cette œuvre difficile, il commença par laisser aux passions un cours libre, sachant bien que par l'abrutissement l'esprit perdroit insensiblement son goût naturel pour les sciences & pour les arts. Il défendit à ses peuples la lecture des livres, hors celle du Coran, composé de quelques préceptes de morale, de contes fabuleux & superstieux. Les passions brutales trouvant dans ce Code la liberté de se propager, forcerent la barriere du cœur, & introduisirent un tel relâchement, que tout l'homme en fut énervé. Bientôt les Egyptiens préfererent les loisirs de la mollesse aux sérieuses occupations de l'esprit, & le calme d'un honteux repos aux soucis d'une louable activité : l'inertie se fortifiant par le manque d'exercice, affoiblit leurs mains, & la mollesse sa compagne craignit de les souiller dans la grandeur des travaux. Tout fut négligé ; on vit en peu de temps les beaux édifices tomber en ruine, les établissemens d'industrie & d'utilité se perdre par la lâche oisiveté, le goût des améliorations éteint, les écoles de sagesse & d'éducation, où les sages Philosophes alloient puiser les préceptes de morale & de législation, devenir solitaires & désertes, les tours élevées, & les observatoires sur lesquels les fameux Astrologues alloient avec des yeux éclairés considérer les astres, & en deviner les révolutions, céderent la place à de petites tours bâties sur les Mosquées, sur lesquelles se tiennent des gens privés de goût & de lumiere, & n'ayant que le mérite de pousser des cris épouvantables, très-propres à réveiller les regrets de la perte des lieux, où la belle curiosité alloit se satisfaire. Il ne faut plus chercher les cent Temples fameux que fit ériger le grand Roi Sésostris aux Dieux tutélaires, vers le dix-septieme siecle avant notre Ere, en actions de graces des victoires qu'il venoit de remporter, ni le grand nombre de canaux qu'il fit construire aux deux côtés du fleuve depuis Memphis jusqu'à la mer, pour établir la communication entre les villes les plus éloignées, & pour rendre l'Egypte inaccessible à la cavalerie des ennemis qui avoient coutume de l'inquiéter par de fréquentes incursions; ni ces villes considérables bâties sur les hautes levées qu'il avoit fait faire pour la sûreté des habitans pendant le débordement du Nil. On voit bien en certains endroits quelques canaux qui ne sont pas encore comblés, & des hautes levées; mais les maisons délâbrées qui y sont bâties, ressemblent plus à des chaumieres qu'à des édifices de ville.

Ce pays renommé par sa beauté & sa fertilité, est gouverné par quinze Princes qu'on appelle Beys, & par un Pacha; ils font leur résidence dans la ville du Caire. Le plus fort ou le plus aguerri prend le titre de Bey commandant; chacun d'eux a sous sa domination un nombre confidérable de villes & de bourgs qui fuffiroient à l'entretien honorable de la fouveraineté ; malheureufement l'ambition, deftructive du bonheur, leur infpire des projets d'agrandiffement, & les met toujours en guerre : certains s'uniffent pour fubjuguer le plus puiffant; celui-ci vaincu eft remplacé par un autre qui chaffe les premiers ; c'eft un cercle continuel de factions & de troubles. Les Beys élus portent le bâton de Commandant, & font revêtus d'une peliffe par le Pacha qui réfide au château du Caire : ils font tous Chrétiens d'origine ; on les achete dans un âge tendre en Géorgie, en Arménie ou dans la Colchide, puis on les mene à la cour des Princes, où on leur donne des emplois proportionnés à leur capacité : leur mérite & l'affection du Prince qu'ils fervent, font caufes de leur élévation ; mais jamais ils ne peuvent parvenir à l'éminente dignité, qu'ils n'aient été efclaves. Prefque toujours le pourvu fait la guerre à fon bienfaiteur: il faut, dès qu'ils paroiffent dans les rues, que les habitans qui font à cheval ou fur des ânes (1), en defcendent lorfqu'ils paffent ; fans cette marque de refpect on recevroit à l'inftant de cruelles baftonnades. J'ai vu ici un François fe plaindre encore d'un grand coup de bâton qu'on lui donna il y a fix ans, pour avoir manqué à cela. Les guerres que les Beys fe font dans la ville, font auffi fingulieres que meurtrieres : des pierres qu'ils amoncelent dans les rues, leur fervent de retranchemens ; les troupes poftées derriere tirent leur coup de fufil. Ainfi fe maffacrent ces hommes qui devroient donner des exemples de douceur & de modération ; heureufement le peuple ne prend point de part à leurs querelles ; il en eft quitte en fe barricadant dans fon quartier. Mais ces troubles font ordinairement terminés par la mort des factieux, ou par la fuite des plus foibles. Nous ve-

---

(1) Il eft défendu aux Francs ou Européens de monter fur des chevaux.

nons d'en voir un exemple dans la fuite de quatre Beys, dont les noms font Ibrahim, Amourad, Mouftapha, & Calile. Ifmaël Bey, qui eft maintenant le Commandant, vient d'envoyer des lettres aux villes d'Egypte, pour les prévenir que ces quatre Beys devoient être regardés comme réprouvés de Dieu & du Grand-Seigneur, & de fe tenir en garde contre les violences qu'ils pourroient exercer dans leur fuite ; mais ces avertiffemens ne font pas arrivés à temps dans certains lieux, car on dit qu'ils ont déja dévafté plufieurs villages ; qu'avec les nouvelles contributions & les richeffes qu'ils ont emportées du Caire, ils fe difpofent à attaquer Ifmaël Bey, & à recommencer la guerre qu'on croyoit éteinte. Le Pacha a beaucoup d'influence dans le fort de ces guerres, par la faveur qu'il accorde aux uns plutôt qu'aux autres ; mais les feules forces des avis & de l'autorité ne peuvent quelquefois rien fans celle des bras. Il n'a autour de lui qu'une petite troupe de Janiffaires qui fervent à fa garde & à celle du Château, ni d'autres reſſources que celles qu'il tire de la politique & du rang qu'il occupe. Ce Royaume, tributaire du Grand-Seigneur, devroit lui rapporter un revenu de plus de vingt millions; mais on m'aſſure qu'il n'en retire peut-être pas deux. Les Beys étant les ſouverains adminiſtrateurs, gardent pour eux la meilleure partie, & lui laiſſent la plus petite, comme une foible preuve de leur dépendance.

Mais ce qui m'étonne dans ce gouvernement, compoſé de tant de maîtres, c'eſt qu'il ſe maintient tel par des révolutions qui, pour l'ordinaire, ſont cauſe de la chute des autres; &, ſans aller chercher plus loin des exemples, je me ſervirai de celui que je trouve dans le Royaume même.

L'Hiſtoire rapporte qu'en l'an 685 avant notre Ere, le Royaume paſſa dans les mains de douze Seigneurs, qui ſe le partagerent en parties égales; que leur regne dura quinze ans dans la plus douce harmonie, & que, pour laiſſer à la poſtérité un monument célèbre de cette union, ils firent bâtir, à frais communs, à l'extrémité méridionale du lac Métis, le fameux labyrinthe composé de douze grands palais ; mais la Discorde, jalouse de cette belle harmonie, déchaîna ses serpens funestes : une affreuse tempête ayant jetté sur les côtes d'Egypte un vaisseau chargé de soldats Grecs, Psammitique, un des douze Seigneurs, les reçut avec bonté. Ce renfort, joint aux troupes qu'il avoit déja, l'arma contre ses collégues ; il les attaqua successivement, & les ayant défaits les uns après les autres, il demeura seul maître de l'Egypte. Le Gouvernement monarchique reprit ses anciens droits : mais il n'en est pas ainsi des Princes qui gouvernent aujourd'hui l'Egypte, ils sont toujours en guerre, ils se chassent & se tuent : jamais leur place n'est vuide, & le plus fort n'a jamais le courage de s'affermir sur le trône. Il nomme à la vérité des Beys pour remplacer ceux dont il s'est défait ; mais la puissance du Pacha lui défend d'aller plus loin. Il dira à tel de ses Officiers qu'il chérira le plus, & en qui il reconnoîtra plus de mérite, qu'il le fait Bey : celui-ci prend auſſi-tôt la péliſſe des mains du Pacha ; il devient auſſi ſouverain que les autres, mais il a moins de fortune & de force, parce qu'il n'a pas encore ſucé le revenu de ſes terres. Sa Cour eſt d'abord compoſée de deux à trois mille hommes, qu'il faut entretenir & habiller. Sa premiere jouiſſance eſt le droit injuſte des *avanies* (1) ; malgré cela il eſt forcé de recourir aux emprunts ; cette urgente néceſſité donne ſouvent l'alarme aux négocians de la ville. Un François me dit qu'un de ces nouveaux Beys étoit venu pour lui emprunter cent mille piaſtres en étoffes ; il aima mieux le ſupplier d'accepter vingt mille piaſtres de gratification, que de lui vendre le drap qu'il lui demandoit à crédit, & préféra cette perte au danger d'une plus grande.

L'Aga tient le premier rang après les Beys ; il eſt chef de police : je l'ai vu paſſer près du quartier, ſuivi d'un

---

(1) Avanie eſt un terme conſacré dans ce pays pour exprimer les vexations.

grand cortége ; il étoit précédé dans la marche de deux cents cavaliers, & d'autant de fantaffins armés de bâtons. Une fymphonie compofée de trompettes, de tymbales & de hautbois l'accompagnoit ; il a droit de vie & de mort fur tous les citoyens : celui que j'ai vu, quoique naturellement doux, fait exécuter la police avec févérité. On n'entend parler dans cette ville ni de batteries ni de meurtres ; s'il en arrivoit quelqu'un, les habitans du quartier où le délit feroit commis, payeroient une amende confidérable. Ainfi tous les citoyens font intéreffés à veiller à la tranquillité générale ; on dit pourtant qu'il n'y a pas de ville où les filous foient plus adroits qu'ici. Ils exercent leur art auffi habilement avec les pieds, qu'avec les mains : s'ils font attrapés, on leur fait fubir le fupplice du bâton. Les feuls vols impunis dans ce royaume, font ceux que les Arabes commettent dans les déferts & fur les grandes routes : la police des villes n'a pas de prife fur leur vie errante & vagabonde ; elle eft trop foible contre la multitude de cette Nation belliqueuse, qui regarde ses déprédations comme des tributs que leur doivent les passans dans les routes publiques : ils sont si exacts à faire valoir ce droit, que pour peu qu'on s'écarte des villes & des villages, on risque d'être atteint par eux. Il seroit à souhaiter que les Souverains de ce Royaume, à l'instar des anciens, s'unissent pour les chasser de leurs Etats.

Je suis, &c.

LETTRE LV.

LETTRE LV.

Du Caire, le 18 Août 1777.

M.

JE ne crois pas qu'il y ait de lieu où le ciel soit plus serein que dans ce climat. Jamais des nuages n'y cachent le soleil ; on n'y voit ni pluie ni brouillard ; la fraîcheur des nuits dédommage des chaleurs du jour. Les vents sont tantôt frais, tantôt brûlans ; les jours & les nuits sont presqu'égaux : la terre produit beaucoup de fruits rafraîchissans ; les citrons, les grenades, les limons, les oranges, les bananes, les dattes, les figues de Pharaon y sont en abondance. On y compose des boissons qui sont d'un grand secours dans les fortes chaleurs : une cuillerée d'une liqueur appellée *Escouvé*, que l'on fait avec un legume grillé & détrempé dans l'eau, désaltere mieux que trois pintes d'eau. Le forbet, compofé de jus de limon, dans lequel on mêle du fucre, du mufc, de l'ambre gris & d'autres précieux aromates, eft une boiffon auffi délicieufe que rafraîchiffante. Le fyrop de grenades, le jus de cédrat, le moufé, les melons d'eau, ceux de jardin qu'on envoie fur des chameaux, en telle quantité qu'un Para (1) fuffit pour en avoir un, & le caillé, dont le goût dominant eft celui du vinaigre que l'on y mêle pour le faire, font autant de préfens que la Nature envoie aux Egyptiens pour tempérer les ardeurs du fang exalté par les chaleurs. Les autres objets de confommation, tels que le pain, la viande, moutons, bœufs, poules, légumes, &c., y font communs & à bon marché. Les gens font gras avec peu de nourriture; on attribue leur embonpoint à la qualité nourriffante de l'eau du Nil dont ils font abreuvés. Le Nil,

―――――――――――――――

(1) Monnoie qui vaut fix liards.

au moment où je vous écris, est déja monté à la quinzieme pique (1).

On va ouvrir le caliche ou grande écluse; les eaux vont entrer dans la ville, & la joie dans le cœur des citoyens. Le Bey, suivi de sa cour, précédé des drapeaux & des étendards, se rend au lieu où doit se faire l'ouverture: on perce une porte murée au bord du fleuve; les eaux coulent aussi-tôt dans un grand canal qui traverse la ville, & vont se répandre dans les campagnes voisines. Il n'est gueres possible d'exprimer la satisfaction des Egyptiens; les uns se jettent dans le canal, attendant l'arrivée des eaux, & y demeurent jusqu'à ce qu'elles leur viennent aux épaules, les autres dansent sur les bords au son des instrumens du pays; ces instrumens sont des sistres, des timballes, des petits violons ressemblans aux instrumens qu'on appelle pochettes, des triangles & des canavieres, espece

___

(1) La pique équivaut environ à un pied & demi.

de roseau creux de deux palmes de longueur, qui par la force du souffle rendent des sons doux & attendrissans. La sensation agréable que cause cette harmonie champêtre, s'augmente lorsqu'elle est accompagnée du chant Egyptien. La musique d'Italie, dont on admire la beauté, l'élégance & la précision, ne produit point dans l'ame des effets aussi grands que ce chant naturel : les mesures, les modulations de la voix, les inflexions, la gravité, l'élévation des tons, sont dictés par la Nature, & les méthodes de l'art n'y ont aucune part ; on diroit que c'est elle qui s'exprime par leur organe, tout est son langage jusqu'aux signes des yeux & des mains, & jusqu'aux diverses couleurs du visage. Les yeux qu'ils entr'ouvrent si naturellement, les doigts des mains qu'ils tiennent recourbés aux côtés des oreilles, les petits mouvemens qu'ils font de leurs pieds comme s'ils vouloient marcher sur la pointe, ces gestes muets unis à leurs voix, tantôt douce, tantôt forte, tantôt plaintive, étoient des expressions si intéressantes, qu'on ne savoit lequel il falloit le plus admirer des gestes ou du chant. Je ne parle pas d'un autre sentiment manifesté par leurs danses : l'énergie en est trop forte pour que j'en puisse rendre l'expression. Ces danses se font en public ; mais il n'est permis aux danseurs de l'un & de l'autre sexe de se donner cet amusement qu'en payant un tribut au Gouvernement.

Un événement vient de troubler la joie publique. Assan Bey étant allé chez Joseph Bey pour prendre le café avec lui, l'a remercié en lui partageant la tête en deux d'un coup de sabre : aussi-tôt l'alarme s'est répandue dans la ville, & l'on craint une nouvelle guerre ; on a déja fermé nos quartiers pour empêcher l'entrée aux séditieux ; cependant je me suis hasardé d'aller au vieux Caire qui est à une heure de chemin d'ici. La voiture permise aux Européens est arrangée : mon guide me débarrasse de la multitude, j'ai passé déja aux grandes allées des Sycomores, j'ai joint la plaine couverte d'arbres odoriférans & de maïs. En entrant dans la ville, on m'a fait remarquer de vieux murs très-épais, qu'on dit avoir été les greniers de Joseph (1). J'ai été à Lameteria, lieu où l'on dit que la Sainte Famille se réfugia, pour vivre loin de la persécution dont Hérode l'avoit menacée. Ce saint lieu, gardé par les Franciscains & les Arméniens, est environné d'un parterre émaillé de toute sorte de fleurs, & orné d'orangers & de citroniers : on y a bâti une Chapelle souterraine, dans laquelle on descend par dix petits degrés. Sa longueur est de quinze palmes & sa largeur de huit. La voûte est soutenue par huit petites colonnes de marbre ; l'autel est au milieu d'elles. Au côté gauche de la Chapelle est une pierre de marbre poli, bruni par le temps, d'environ trois pieds en carré, qu'on croit être la pierre sur laquelle on avoit coutume de laver les langes de l'Enfant Jesus. La

---

(1) L'Auteur des Lettres sur l'Egypte, (M. Savari,) prouve la fausseté de cette assertion.

fraîcheur & l'humidité qui regnoit dans cet endroit, ont leur source dans les eaux du Nil qui suintent en dedans.

J'ai parcouru ensuite les divers quartiers de la ville, où je n'ai pas vu de particularités qui méritent d'être racontées. Les édifices sont grands & élevés ; ils renferment quatre-vingt mille ames. Au moment où je quittois cette ville, j'ai été témoin d'un convoi où il y avoit des pleureurs qui accompagnoient une bierre portée en cérémonie, dans laquelle étoit le cadavre d'un Prêtre Arabe, couvert d'un drap noir brodé à franges d'argent: deux cents personnes marchoient à la suite de cette pompe funebre ; le cri de l'Elmagrebe, qui annonce le coucher du soleil, m'empêcha d'assister à l'enterrement, & me fit reprendre la route du Caire. *Messecombarhe.*

Je suis, &c.

Fin du Tome premier.

TABLE
DES LETTRES

Contenues dans le premier Volume.

DÉDICACE, Page iij

LETTRE I. *A la personne qui demande la relation des Voyages de l'Auteur*, 1

LETT. II. *Sur l'embarquement de l'Auteur pour Genes & Ancone*, 5

LETT. III. *Contenant la Description des îles de Sardaigne, de Sicile, &c.* 11

LETT. IV. *Sur les tempêtes des mers*, 17

LETT. V. *De Céphalonie & de son Port*, 21

LETT. VI. *Des costumes & des mœurs des Céphaloniens*, 26

LETT. VII. *Des productions de l'île de Céphalonie*, 31

LETT. VIII. *Du Golfe Adriatique & des îles qui en dépendent*, Page 36
LETT. IX. *De la ville de Raguſe & des îles qui en dépendent*, 42
LETT. X. *Des Inſulaires de l'île de Calamota*, 48
LETT. XI. *Des îles de la République de Veniſe*, 55
LETT. XII. *De l'île de Saccaron*, 59
LETT. XIII. *Sur les uſages obſervés par les Vénitiens la veille de Noël*, 62
LETT. XIV. *Du Port de S. Pierre de Nimbo en Dalmatie*, 64
LETT. XV. *Sur la connoiſſance des Langues*, 66
LETT. XVI. *Du ſort d'un jeune Marin*, 72
LETT. XVII. *De l'île de Luſſin en Dalmatie*, 75
LETT. XVIII. *Des bruits répandus ſur la Navigation de cette année*, 77
LETT. XIX. *De la ville d'Ancone*, 79
LETT. XX. *De Lorette & de ſes tréſors*, 83

Lett. XXI. *Des lieux qu'on trouve dans la route de Lorette à Marcia,* 93

Lett. XXII. *De ceux qu'on trouve de Marcia à Spolette,* 97

Lett. XXIII. *De ceux qu'on trouve de Spolette à Rome,* 101

Lett. XXIV. *De Rome & de ses monumens,* 105

Lett. XXV. *Des cérémonies de Religion pratiquées dans la Chapelle du Pape le jour de la Purification,* 117

Lett. XXVI. *Du Carnaval de Rome,* 121

Lett. XXVII. *Des Cérémonies pratiquées dans la Chapelle Sixtius en l'Eglise de S. Pierre, la Semaine Sainte & le jour de Pâques,* 127

Lett. XXVIII. *Des mœurs des Romains,* 130

Lett. XXIX. *Des Tableaux en Mosaïque de l'Eglise de Rome,* 135

Lett. XXX. *Des pays qu'on trouve de Rome à Florence, & des monumens que Florence renferme,* 139

LETT. XXXI. *Des pays qu'on trouve allant de Florence à Bologne, & des particularités de cette seconde ville,* 150

LETT. XXXII. *Des villes qu'on trouve allant de Bologne à Venise,* 155

LETT. XXXIII. *De Venise, du Sénat & du Doge,* 159

LETT. XXXIV. *Des édifices & des rues de la ville de Venise,* 167

LETT. XXXV. *De la beauté de l'arsenal de Venise,* 171

LETT. XXXVI. *De la cérémonie des épousailles du Doge avec la mer,* 176

LETT. XXXVII. *Sur le même objet,* 182

LETT. XXXVIII. *Sur les tubes de verre & les glaces,* 185

LETT. XXXIX. *De la ville de Padoue & de ses monumens,* 188

LETT. XL. *Des mœurs des Vénitiens & de l'Eglise S. Marc,* 194

LETT. XLI. *Des cérémonies de Religion observées à Venise le jour de la fête du S. Sacrement,* 199

LETT. XLII. *De la ville de Trieste,*

de son Port & du Lazaret, 204

Lett. XLIII. *De l'île de Zantes & des paysages que l'Auteur a vu avant d'aborder dans le port de cette île,* 209

Lett. XLIV. *De la forme & de la population de la ville de Zantes,* 216

Lett. XLV. *De la ville d'Alexandrie d'Egypte,* 122

Lett. XLVI. *Des monumens de la ville d'Alexandrie,* 228

Lett. XLVII. *Des Arabes qui environnent les plaines d'Alexandrie,* 236

Lett. XLVIII. *D'un malheur arrivé au Chef de la Nation Françoise établie à Alexandrie,* 241

Lett. XLIX. *Des Religions tolérées à Alexandrie,* 247

Lett. L. *Du Voyage de l'Auteur à Rosette en Egypte,* 259

Lett. LI. *De la ville de Rosette & de la branche du fleuve du Nil qui baigne ses murs,* 253

Lett. LII. *Des bourgs qu'on trouve allant de Rosette au Grand-C..*

Lett. LIII. *De la ville du Grand-Caire,* 269
Lett. LIV. *Du Gouvernement du Caire,* 277
Lett. LV. *Description du Caire,* 289

Fin de la Table du Tome premier.

ERRATA.

Page 5, ligne 13, attachés, *lisez* attaché.
Page 8, ligne 11, noirs vapeus, *lisez* noires.
Page 115, ligne 6, Phéociens, *lis.* Phéaciens.
Page 122, ligne 9, inficche, *lisez* infiochi.
Page 134, ligne 16, Salarca, *lisez* Salaria.
Page 176, ligne 4, accroife, *lisez* accroisse.
Page 265, ligne 2, Borboug, *lisez* Bargoug.

APPROBATION.

J'AI lu, par ordre de Monseigneur le Garde des Sceaux, un Manuscrit qui a pour titre : *Lettres du Mont-Liban*, &c. je n'y ai rien trouvé qui m'ait paru devoir en empêcher l'impression. A Paris, ce 13 Août 1786. DE LAHOGUE, Docteur & Professeur de Sorbonne.

PRIVILEGE DU ROI.

LOUIS, par la grace de Dieu, Roi de France & de Navarre : A nos amés & féaux Conseillers, les Gens tenans nos Cours de Parlement, Maîtres des Requêtes ordinaires de notre Hôtel, Grand-Conseil, Prévôt de Paris, Baillifs, Sénéchaux, leurs Lieutenans Civils, & autres nos Justiciers qu'il appartiendra : SALUT. Notre bien aimé le sieur Marie-Dominique DE BINOS, Chanoine de la Cathédrale de Comminges, Nous a fait exposer qu'il desiroit faire imprimer & donner au Public un Ouvrage de sa composition intitulé, *Lettres du Mont-Liban, contenant le Voyage fait en Italie, en Égypte, dans la Palestine & dans la Phénicie*, s'il Nous plaisoit lui accorder nos Lettres de Privilege pour ce nécessaires. A CES CAUSES, voulant favorablement traiter l'Exposant, Nous lui avons permis & permettons par ces Présentes, de faire imprimer ledit Ouvrage autant de fois que bon lui semblera, & de le vendre, faire vendre & débiter par-tout notre Royaume ; Voulons qu'il jouisse de l'effet du présent Privilege, pour lui & ses hoirs à perpétuité, pourvu qu'il ne le rétrocede à personne ; & si cependant il jugeoit à propos d'en faire une cession, l'acte qui la contiendra sera enregistré en la Chambre Syndicale de Paris, à peine de nullité, tant du Privilége que de la cession ; & alors, par le fait seul de la cession enregistrée, la durée du présent Privilége sera réduite à celle de la vie de l'Exposant, ou à celle de dix années, à compter de ce jour, si l'Exposant décéde avant l'expiration desdites dix années ; le tout conformément aux articles IV & V de l'Arrêt du Conseil du 30 Août 1777, portant Réglement sur la durée des Priviléges en Librairie. Faisons défenses à tous Imprimeurs, Libraires & autres personnes, de quelque qualité & condition qu'elles soient, d'en introduire d'impression étrangere dans aucun lieu de notre obéissance ; comme aussi d'imprimer ou faire imprimer, vendre, faire vendre, débiter ni contrefaire ledit Ouvrage, sous quelque prétexte que ce puisse être, sans la permission expresse & par écrit dudit Exposant, ou de celui qui le représentera, à peine de saisie & de confiscation des Exemplaires contrefaits, de six mille livres d'amende qui ne pourra être modérée pour la premiere fois, de pareille amende & de déchéance d'état en cas de récidive, & de tous dépens, dommages & intérêts, conformément à l'Arrêt du Conseil du 30 Août 1777, concernant les contrefaçons : à la charge que ces Présentes seront enregistrées tout au long sur le Registre de la Communauté des Imprimeurs & Libraires de Paris, dans trois mois de la date d'icelles. Que l'impression dudit Ouvrage sera faite dans notre Royaume, & non ailleurs, en bon papier & beaux caracteres, conformément aux réglemens de la Librairie, à peine de déchéance du présent Privilége ; qu'avant de l'exposer en vente, le manuscrit qui aura servi de copie à l'impression dudit Ouvrage sera remis dans le même état où l'approbation y aura été donnée, ès mains de notre très-cher & féal Chevalier, Garde des Sceaux de France, le Sieur Hue de Miromesnil, Commandeur de nos Ordres; qu'il en sera ensuite remis deux exemplaires dans notre Bibliotheque publique, un dans celle de notre Château du Louvre, un dans celle de notre très-cher & féal Chevalier, Chancelier de France, le Sieur de Maupeou, & un dans celle dudit Sieur

Hue de Miromesnil; le tout à peine de nullité des Présentes. Du contenu desquelles vous mandons & enjoignons de faire jouir ledit Exposant & ses hoirs, pleinement & paisiblement, sans souffrir qu'il leur soit fait aucun trouble ou empêchement. Voulons, qu'à la copie des Présentes, qui sera imprimée tout au long, au commencement ou à la fin dudit Ouvrage, soit tenue pour dûment signifiée, & qu'aux copies collationnées par l'un de nos amé & féaux Conseillers-Secrétaires, foi soit ajoutée comme à l'Original. Commandons au premier notre Huissier ou Sergent sur ce requis, de faire, pour l'exécution d'icelles, tous Actes requis & nécessaires, sans demander autre permission, & nonobstant clameur de Haro, Charte Normande & Lettres à ce contraires. Car tel est notre plaisir. Donné à Paris le sixieme jour du mois de Septembre, l'an de grace mil sept cent quatre-vingt-six, & de notre Regne le treizieme. Par le Roi en son Conseil. **LE BEGUE.**

Regiſtré ſur le Regiſtre XXIII de la Chambre Royale & Syndicale des Libraires & Imprimeurs de Paris N°. 462. f.l. 44 conformément aux diſpoſitions énoncées dans le préſent Privilége & à la charge de remettre à ladite Chambre le neuf exemplaires preſcrits par l'Arrêt du Conseil du 16 Avril 1785. A Paris, ce 16 Septembre 1785.

Signé, KNAPEN, *Syndic.*

───────────────────────────

J. CH. DESAINT, IMPRIMEUR,
RUE SAINT-JACQUES.

Abbé De Binos

Voyage par l'Italie, en Egypte au Mont Liban et en Palestine ou ~~en~~ Terre-Sainte

Volume 1

1787

G 19896

www.ingramcontent.com/pod-product-compliance
Lightning Source LLC
Chambersburg PA
CBHW071251160426
43196CB00009B/1241